Franz Xaver Konrad Staiger

Die Insel Reichenau im Untersee Bodensee,

bei Constanz mit ihrer ehemaligen berühmten Reichs-Abtei

Franz Xaver Konrad Staiger

Die Insel Reichenau im Untersee Bodensee,
bei Constanz mit ihrer ehemaligen berühmten Reichs-Abtei

ISBN/EAN: 9783743656475

Hergestellt in Europa, USA, Kanada, Australien, Japan

Cover: Foto ©ninafisch / pixelio.de

Weitere Bücher finden Sie auf **www.hansebooks.com**

Die
Insel Reichenau im Untersee

(Bodensee, bei Constanz)

mit ihrer

ehemaligen berühmten Reichs-Abtei.

Urkundlich beschrieben

von

Fr. X. C. Staiger.

Mit einer Abbildung der Insel und ihrer Umgebung.

Constanz 1860.
Druck und Verlag von J. Stabler.

Commissions-Verlag von Joh. Thom. Stettner in Lindau.

Vorwort.

Als voriges Jahr meine Beschreibung der ehemaligen Reichsstadt Ueberlingen am Bodensee erschienen war, ergieng an mich der Wunsch, auch über die Reichenau eine ähnliche Schrift zu verfassen. Die Sache wurde näher besprochen, und da sich zulezt die ganze Inselgemeinde dafür interessirte, schritt ich an's Werk. Ich konnte um so rascher damit beginnen, weil ich bereits seit Jahren schon reiches Material über die Seegegend gesammelt hatte; die Arbeit erleichterte sich aber auch noch dadurch, daß von verschiedenen Seiten Beiträge dazu geliefert wurden. Besonders war Herr Bürgermeister Melchior Honsell auf Reichenau dafür sehr thätig und theilte mir Vieles mit.

Es existirt zwar schon eine kleine historisch=topographische Beschreibung der Insel und auch eine Chronik des Klosters Reichenau. Beide von O. F. H. Schönhuth 1836; allein man wird finden, daß meine Beschreibung eine völlig andere ist, hauptsächlich was den topographischen Theil betrifft.

Freilich stunden mir Materialien zu Gebot, die Schönhuth nicht kannte und nicht hatte.

Es wurden dabei benüzt: die Gemeinderegistratur zu Reichenau, — das sehr reichhaltige Archiv der ehrwürdigen Stadt Konstanz, — viele Privaturkunden, — die Collectaneen von Christof Schultheiß von 1518 bis 78, — des teutschen Reichsarchivs Spicilegium ecclesiasticum, von Joh. Christian Lünig, Leipzig bei Friedr. Lankischen Erben 1720 und 1721, — des hl. röm. Reichs genealogisches=historisches

Abelslexikon, von J. F. Gauhen, Leipzig bei Joh. Friedr. Gleditsch 1740 (1747), — **Regesta Badensia**, von **Dr.** Karl Dümge, Karlsruhe bei G. Braun 1836, — Quellensammlung der badischen Landesgeschichte, von F. J. Mone, Karlsruhe bei C. Maklot 1854, — die schwäbische Reformationsgeschichte bis zum Augsburger Reichstag, von C. Th. Keim, Tübingen bei L. Fr. Fues 1855, — Quellen und Forschungen zur Geschichte Schwabens und der Ost-Schweiz, von C. B. A. Filler, Mannheim bei J. Schneider 1859, — Geschichte der Päpste, von **Dr.** C. Haas, Stuttgart bei H. Laupp 1859, — Thurgauische Neujahrsblätter ꝛc.

Manche werden zwar sagen, daß ich weniger die Legenden und mehr die Geschichte des Klosters hätte besprechen sollen; es war auch meine Absicht, die Geschichte des Klosters vollständiger zu geben, und ich habe auch das Material dazu bei Handen. Allein ein zu voluminöses, theures Buch wollte man nicht, sondern nur, daß ich das Wichtigste aus der Vergangenheit, wie z. B. über den Stifter des Gotteshauses, über die Blüthe und Abnahme des Klosters, sowie was auf die Kirchen und noch vorhandenen Kunstschätze, Reliquien u. dgl. Bezug hat — ausführlicher behandle.

So übergebe ich denn diese Beschreibung der Oeffentlichkeit, und sage Allen, die mich dabei unterstützten, meinen verbindlichsten Dank.

Konstanz im Mai 1860.

X. Staiger.

Inhalt.

I. Theil.

		Seite
§. 1.	Physikalische und politische Beschaffenheit und Eintheilung der Insel: Lage, Grenzen, Anbau u. dgl.	1—13
§. 2.	Kirchen und Kapellen:	
	a. das Münster	13—35
	b. St. Georg in Oberzell	35—41
	c. St. Peter in Unterzell	42—47
	d. Sonstige Kirchen und Kapellen	47—49
§. 3.	Weltliche Gebäude: Burgen, Schlösser u. s. w.	49—59
§. 4.	Das Klostergebäude und die Pfalz ꝛc.	59—61
§. 5.	Das Frosch- und Pfennigleben	61—62
§. 6.	Die Fischereigerechtigkeit	62—65
§. 7.	Die Diebsweide	65
§. 8.	Das Kindlebild	65—66

II. Theil.

§. 1.	Zustand und Name der Insel vor Gründung des Klosters	67—69
§. 2.	Leben des hl. Pirmin, Stifters des Klosters	69—75
§. 3.	Abt Eddo. Einführung der Ordensregel des hl. Benedikt	75
§. 4.	Abt Johann I. zugleich Bischof von Konstanz	75—76
§. 5.	Abt Waldo, Stiftung der Peterskirche zu Niederzell	76—79
§. 6.	Abt Hatto I. Bau und Einweihung des Münsters	79—82
§. 7.	Abt Erlebald, Verbringung der Gebeine des hl. Markus auf die Reichenau	82—88
§. 8.	Abt Walafried Strabo, großer Gelehrter, seine Schriften	88—93
§. 9.	Abt Walther und der hl. Meinrad	93—95
§. 10.	Abt Hatto II. Verbringung vieler Reliquien auf die Reichenau	95—97
§. 11.	Abt Rudo und Kaiser Karl der Dicke	97—98
§. 12.	Abt Hatto III., Gründung der Kirche zu Oberzell. Ein Krug von der Hochzeit zu Kana kommt auf die Reichenau	98—103
§. 13 u. 14.	Abt Heribrecht und Legende des Blutes	103—109
§. 15.	Abt Witegow. Ausschmückung des Münsters	109
§. 16.	Abt Berno. Erweiterung des Münsters, und Hermann Contractus	109—111
§. 17.	Abt Ulrich I. Einweihung der Kreuzkirche	111—112
§. 18.	Abt Ekkehard II. Trauriger Zustand des Klosters	112
§. 19.	Abt Diethelm I. zugleich Bischof von Konstanz	112—113
§. 20.	Abt Heinrich I. Schienen kommt an die Reichenau	113
§. 21.	Abt Konrad. Klosterbrand	113—115
§. 22.	Abt Burkard. Entartung der Klosterherren	115—116
§. 23.	Abt Albrecht. Tausch mit dem Deutschorden	116
§. 24.	Abt Heinrich II. zugleich Bischof von Konstanz	117
§. 25.	Abt Diethelm III. Bau der Pfalz	117—118

		Seite
§. 26.	Abt Eberhard. Erster Fürst. Zerstörung von Schopfeln ꝛc.	118—128
§. 27.	Abt Mangold, auch Bischof von Konstanz	128—129
§. 28.	Fürst und Abt Werner. Höchste Armuth des Klosters	129—130
§. 29.	Die Aebte Friedrich I. und Heinrich V.	130—131
§. 30.	Abt Friedrich II. (v. Wartenberg). Zweiter Gründer des Gotteshauses Reichenau	131—138
§. 31.	Abt Johann III. Wiederabnahme des Klosters. Allensbach wird eine Pfarrei	138—140
§. 32.	Abt Martin, (Freiherr v. Krenkingen)	140—141
§. 33.	Abt Markus (v. Knöringen) und Bischof Hugo von Konstanz. Einverleibungsversuch der Abtei mit dem Bisthum	141—144
§. 34.	Abt Georg Piskator. Lezter Aufschwung des Klosters	144—145
§. 35.	Die Aebte Gallus Kalb und wieder Marx v. Knöringen. Fortsetzung des Einverleibungsversuchs und Incorporation des Klosters mit dem Bisthum Konstanz	145—151
§. 36.	Bischof Johann VI. Herr der Reichenau	151—153
§. 37.	Bischof Christoph Mäzler	153—154
§. 38.	Bischof und Cardinal Markus Sittich. Die Reichenau wird Tafelgut des Bischofs	154—156
§. 39.	Bischof und Cardinal Andreas. Neubau von Hegne	156—159
§. 40.	Bischof Jakob Fugger. Neubau des Klosters Reichenau	159—161
§. 41.	Bischof Sixt Werner	161
§. 42.	Bischof Johannes VII. Herr der Reichenau. Einfälle der Schweden. Flucht des hl. Blutes nach Günterstal	161—164
§. 43.	Die Bischöfe Franz Johann und Marquard Rudolf	164—165
§. 44.	Bischof Johann Franz. Wiederverbringung des heiligen Blutes auf die Reichenau	165—167
§. 45.	Die Bischöfe Damian Hugo und Casimir Anton. Abermaliges Streben der Reichenauer Conventualen nach Herstellung des Klosters	167—168
§. 46.	Bischof und Cardinal Franz Konrad v. Rodt. Völlige Einverleibung des Klosters mit dem Bisthum	168—170
§. 47.	Maximilian Christof v. Rodt	170—171
§. 48.	Karl Theodor v. Dalberg. Lezter Fürstbischof von Konstanz und Herr der Reichenau. Saecularisation des Fürstenthums Konstanz und Uebergang der Herrschaft Reichenau an Baden	171—175
Verzeichniß der Aebte des Klosters Reichenau		176—178

Vom Verfasser dieser Schrift (F. Staiger) sind ferner erschienen:

1) Ueber die Hauptmittel zur Gründung besserer Zeiten. Heidelberg bei J. C. B. Mohr. 1839. Zweite Auflage.
2) Der neue Jugendfreund. Karlsruhe bei C. Mallot. 1843. 2te Ausgabe.
3) Welt- und Lebensbilder. Villingen bei Ferd. Förderer. 1846.
4) Der Weg zum wahren Bürgerthum. Villingen bei Ferd. Förderer. 1847.
5) Das schwäbische Donauthal. Freiburg bei Fr. Wagner. 1850.
6) Topographisch-historische Beschreibung der Stadt Ueberlingen am Bodensee. Ueberlingen bei Xav. Ullersberger. 1859.

Erster Theil.

Die Insel Reichenau mit ihren Merkwürdigkeiten, Anstalten und Einrichtungen.

~~~~~~~~

§. 1.

Physikalische und politische Beschaffenheit und Eintheilung der Insel.

Die Insel Reichenau (Augia major oder Augia dives) ist dasjenige schöne und fruchtbare Eiland, welches sich zwischen den Städten Konstanz, Radolfszell und Steckborn, im s. g. Untersee ausbreitet und zum großh. bad. Bezirksamte Konstanz gehört.

Die Insel liegt zwischen 26° 41′ 35″ (26° 46′) östlicher Länge und 47° 41′ 10″ (47° 42′ 30″) nördlicher Breite.

Die Länge der Insel beträgt 1¼ Stunde, die größte Breite ½ Stunde.

Nach Südost und Nordwest lauft das Eiland in spitzige Ende aus, und die nordwestliche Spitze der Insel, die selbst wieder eine Halbinsel bildet — ist nur durch eine höher gelegte Straße (für den Fall eines hohen Wasserstandes) mit der Hauptinsel verbunden; nach Südost dagegen, wo die gebrochene Burg Schopfeln liegt, ist die Spitze der Insel und mit ihr die ganze Insel selbst seit neuester Zeit mit dem Festlande vereinigt worden. Sonst verlor sich hier das Wasser erst in den Herbstmonaten, und nur im Winter trat der See in seine tiefern Ufer ganz zurück, so daß sich eine trockene Straße öffnete, wo man zu Fuß vom festen Lande zur Insel gelangen konnte; zu anderer Jahreszeit mußte ein

Lauenführer (Schiffer) die Leute beim s. g. Kindlebild (Kapelle) mit einem Nachen abholen oder von der Insel aus dorthin, wo das feste Land, das Wollmatinger-Ried beginnt, verbringen. Diesem Uebelstande wurde dadurch abgeholfen, daß man im Winter 1838/9 von jener Kapelle bis nach Schopfeln auf der Reichenau eine neue und höhere Straße anlegte, welche 1852 und 1858 noch höher gemacht wurde, so daß man solche jetzt selbst bei hohem Wasserstande begehen und befahren und so sowohl von der Insel aufs Festland und umgekehrt zu Fuß und Wagen gelangen kann.

Auch glaubt man, daß der äußerste Theil oder das östliche Ende künstlich angelegt sei, und die eigentliche Insel erst da beginne, wo (in der Nähe von Schopfeln, am Anfang von Oberzell) beim s. g. Bibershoff eine Schiffdurchfahrt vom Thurgau nach dem schwäbischen Ufer stattfindet, worauf wir bei Besprechung von Schopfeln zurückkommen werden.

Eine andere fahrbare Straße verband einst auch das westliche Ende der Insel mit der s. g. Mettnau (**Augia Mettae**), d. i. die kleine Erdzunge, die von Radolfszell in den Untersee ausläuft, wo ehemals St. Wolfgang (Kapelle) stand und der Hof Mettnau sich befindet. Noch sieht man bei niederm Wasserstande diese Straße; vielleicht ist sie sogar die Landzunge selbst, die einst mit der Reichenau zusammenhieng, bevor die Wellen des See's sie ausgespült haben.

a. Landzungen seg. Hörner.

Die Insel hat deren viele. Die wichtigsten sind:

1. Von Nordost nach Südwest:

das Bürgle-Horn, beim Bürgle, das nordwestliche Ende der Insel;

das Martins-Horn, das nächste davon nach Süden;

das Gänsle-Horn, das über diesem noch weiter nach Süden gelegene Horn;

das Melcherlis-Horn, das große Horn am südwestlichen Ende der Insel, gegen den Rhein.

2. Von Südwest nach Südost (gegen die Schweiz):

das Auer-Stäbe-Horn, mit Fahr nach Berlingen (Vernang);

das Mannenbacher-Horn, gerade herüber von Mannenbach mit Schifffahrt dahin;

das Maurers-Horn, von ziemlich großem Bogen in den See, östlich vom Mannenbacher-Horn;

das Ermatinger-Horn, mit der Fahr nach Ermatingen;

das Fehren-Horn, das nächste von diesem, östlich, Schopfeln zu.

3. Von Nordost nach Nordwest (gegen Hegne und Allensbach):

das Bibers-Hoff, am Schopfler-Eiland;

das Fischle, östlich von Herrenbruck (Allensbach gegenüber) wo (vom Münster herab, nördlich) das Bauernhorn ist.

b. Sandbänke.

Straßrein, zwischen Bürgle und Hagnau, wie man die äußerste Spitze der Mettnau nennt;

Breitenstein, herwärts, südlich von der Mettnau gegen Horn-Staab und westlich von Straßrein;

Hüendrein, unweit von Hornstaab gegen das Gänslehorn;

Stuhlrein, herwärts, südlich vom Bürgle-Horn gegen das Gänslehorn;

Außerrein oder Brablerrein, zwischen dem Gänsle-Horn und Melcherlis-Horn.

Alle diese Bänke sind künstlich und wurden für Wachtposten zur Beobachtung der Schiffe ꝛc. zur Klosterzeit benützt; vielleicht rühren sie schon von den Kelten her, die hier herum viele Spuren ihres Daseins zurückgelassen haben.

Ein Hauptposten mit einem Wacht-Hause stand jedenfalls auf dem s. g. Hüendrein bei Hornstaab; denn es ist noch nicht zu lange (seit den achtziger Jahren), daß man die Pfosten des Hauses hier herausgenommen hat, wobei man merkwürdig geschliffene Steine u. dgl. fand.

Auch stunden alle diese Bänke durch Straßen mit einander in Verbindung, und noch spricht man von einer sogenannten Kaiserstraße, welche vom Breitenstein nach Hüendrein und von da zum Gänslehorn hinzog.

Erinnert dies nicht auch an die Zeiten des Tiberius! —

c. Grenzen, Boden, Anbau ꝛc. der Insel.

Diese sind: nach Süden oder Mittag der Rhein, und jenseits des Rheins, welcher durch den See beinahe unmerklich gegen Stein sich fortwälzt, das Thurgau; — gegen Westen oder Abend der Unter- oder Zeller-See mit der Stadt Radolfszell; — gegen Osten oder Morgen die Gemarkung Wollmatingen und die Stadt Konstanz; — gegen Norden oder Mitternacht der Allenspacher- oder innere See, auch Gnadensee genannt, und über diesem die Gemarkungen von Allensbach und Markelfingen. Alle diese Grenzen über dem Wasser sind geordnet.

Der Boden der Insel ist theils eben, theils hügelig.

Kommt man von Konstanz her, so zeigt sich die erste Erhöhung unfern vom Pfarrhause in Oberzell nach Nordwesten, gegen Allensbach zu. Sie heißt geradezu Höhe. An sie schließt sich auf der östlichen Seite der Insel der Marxenberg (Markusberg*), als zweiter Hügel an, worauf der Vögelisberg als dritter Hügel folgt, der bis gegen die Wohnung des Herrn Bürgermeisters Honsell in sogenannten Rosenstauden von Mittelzell hinzieht. Dem Vögelisberg gegenüber, südwestlich, gegen die Schweiz zu, liegt der sog. Hattenberg (Hatto's-Berg) und mit diesem verbindet sich als Schluß und höchster Hügel die Hochwart mit dem Bel-

---

¹) In alten Zeiten hatten die Besitzer des Marxenberges das Vorrecht, am Maria Himmelfahrtsfest den erzeugten Wein frei, ohne alle Abgabe auszuschenken.

bebere, im Westen. Unter ihm liegt das Dr. Wittlinger'sche Gut. —

Alle diese Hügel, die mit Reben bepflanzt sind, werden durch kleine Thäler und Thaleinschnitte von einander getrennt, und zwar liegt zwischen dem Hattenberg und Vögelisberg das schöne Wiesenfeld, der Tellerhof. Da war sonst der Roth= weier, weil das Wasser des Weiers eine röthliche Farbe hatte. Jetzt besteht nur noch ein Kanal zur Ableitung des Wassers in den See; die Stelle aber führt noch heute den Namen Rothweierle. In den 1820r Jahren ertrank darin ein Mann.

Die Ueberfluthung, und theilweise Bildung der Insel scheint von Westen nach Osten geschehen zu sein. Es sind mehrere Gründe dazu vorhanden.

Der Boden selbst ist auf der Südseite, West= und Nord= westseite sandig und kiesig; auf der Nord= und Ostseite ist Damm= erde mit Lehmunterlage, und die Anhöhen und Ebenen sind größtentheils vermischt. Auf dem Schlaitheimer=Rebland sind unzählige Schaalen von Seeschnecken und zwar in einer Tiefe von bereits vier Fuß.

Die größte Breite ($1/_2$ Stunde) ist in der Mitte; der schmalste Theil der Insel ist das nordwestliche Ende. Da und gegen das Südostende lauft die Insel in Ebenen aus; gegen die Mitte aber erhöht sich allmählig wie schon gesagt, der Boden von zwei Seiten zu einem Ovale und steigt gleich= sam aus dem Wasser des See's empor, bis er in der Mitte, da, wo ein hohes Kreuz sich in die Lüfte erhebt und sich ein Belvedere befindet, zu einer reizenden Anhöhe geworden ist. Diesen Theil der Insel nennt man die Hochwart und ihr höchster Punkt beim Belvedere und Kreuz beträgt 1469 Fuß.

Teiche und Sümpfe sind nicht vorhanden.

Die Uferbauten liegen den Eigenthümern ob.

Die ganze Insel enthält:

540	Morgen	0	Vierling	70	Ruthen Reben,
274	„	2	„	25	„ Aecker,
179	„	1	„	75	„ Wiesen,
26	„	2	„	79	„ Gärten,
64	„	2	„	5	„ Reutfeld u. Waiden, jetzt aber auch in Ackerfeld verwandelt,
1085	Morgen	1	Vierling	54	Ruthen. Dazu noch die
1247	„	3	„	82	„ Waldungen zwischen Wollmatingen, Dettingen und Markelfingen, — und
500	„	—	„	—	„ Wiesen, ebenfalls auswärts, macht

2833 Morgen 1 Vierling 36 Ruthen Grundeigenthum.

Bei diesem bedeutenden Grundbesitz werden die Gemeindebedürfnisse meist **ohne Umlagen** bestritten.

Social-Lasten sind nicht vorhanden.

Das reine Gemeindevermögen beträgt 300,000 fl. Der Bürgergenuß besteht in ½ Vierling Feld und 1 Klafter Buchen-Holz nebst 50 Wellen.

Der Preis von 1 Jauchert (Morgen) Acker und Wiesen ist 600—800 fl.; der von 1 Jauchert Reben 800—1000 fl. Das Klafter Buchen-Holz kostet im Wald 16 fl., Tannen-Holz 11—12 fl.

Wege und Straßen durchschneiden nach allen Seiten die Insel und überall zeigen sich Gärten, Felder, Wiesen, Obstbäume und Weinbau, wo jeder einheimst, was er zum Unterhalt und zur Lust des Lebens bedarf.

Hanf wird weniger, Oelsamen mehr gepflanzt. Mit Maulbeerbäumen ist angefangen und sie scheinen ebenfalls gut zu gedeihen.

Die Gewanne haben meist nach der Beschaffenheit des Bodens, nach den frühern Gehölzen, nach Schlössern und Kirchen ꝛc. ihre Namen. So z. B. heißt der Inseltheil bei der Fähre in Oberzell und Haus der Viktoria Staber bis Wittlinger im Elchen, weil sich da in alten Zeiten ein Eichenhain befand. Niederzell heißt das Ober- und Niederholz; da war Alles bis zur Gründung der Zelle durch Bischof Egino Gehölz. Als dieses durch Gräben und Straßen geschieden ward, geschah die Eintheilung. — Weiler heißt die Strecke gegenüber vom Münster bis zur Fahr nach Allensbach. Hier siedelten sich die ersten Gotteshausleute zur Bebauung der Insel an, als sie von Sintlahs zu Sandegg dem hl. Pirminius zugesandt wurden. — Der Rauhhof hat seinen Namen von dem ehemaligen rauhen kiesigen Boden. — Häfeleshof, St. Gotthard u. s. w.

Der beste Wein ist der Schlaitheimer, der auf dem ehemaligen Klostergut Schlaitheim (7 Jauchert, 3 Vierling 49 Ruthen auf einer Anhöhe, südwestlich, gegen die Schweiz gelegen) wächst, das am 8. Jenner 1833 vom Aerar verkauft wurde und jetzt im Besitz von Reichenauer Bürgern ist.

Dieses Gewann, das sich von der ehemaligen Pfalz bis über das Haus des Konrad Ruf in Mittelzell erstreckt, ist für sich bestehend, stößt überall an die Straßen und hat seinen Namen daher, daß die Keller v. Schlaitheim*), welche

---

*) Schlaitheim oder Schleitheim ist ein ziemlich ansehnlicher Marktflecken im Kanton Schaffhausen, nicht weit von der badischen Grenze und der Wutach, an der Straße von Schaffhausen nach Stühlingen. — Die Keller von Schlaitheim, welche ehemals Kellermeister der Aebte der Reichenau waren und schon vor mehr als 400 Jahren Rebstöcke vom Unterrhein herauf brachten und mit ihnen das Grundstück gerade an der Pfalz auf der Insel anpflanzten, gehörten derjenigen freiherrlichen Familie an, die unter die vornehmsten im Thurgau und Schwaben gezählt ward. Den Beinamen erhielt die Familie von dem Orte Schlaitheim, der einen Haupttheil ihrer Besitzungen ausmachte. — Ein Adam Heinrich Keller von Schlaitheim war um 1638 Hauptmann und Kommandant zu Konstanz; er wird in Schriften als ein besonders hervorragendes Glied dieses Geschlechts genannt.

das Erbschenkenamt bei der Abtei Reichenau hatten, die Rebsorten aus den untern Rheingegenden, namentlich Johannisberg dorthin verpflanzten *).

In neuester Zeit wurde übrigens auch anderwärts viel zur Veredlung des Weinbaus auf der Insel gethan, so daß man jetzt auch dort recht guten rothen und weißen Wein erzeugt.

Die Weinsorten sind meist schwarzer Burgunder und Traminer. Im Winter wird der Rebstock größtentheils auf die Erde gebogen und mit Stroh bedeckt.

Hornvieh, Pferde und Schweine sind hier gegen 800 Stück.

Das Hornvieh ist am zahlreichsten.

Die Jagd ist geringe; die Fischerei beträchtlich.

Die Weinberge und Fruchtfelder sind meist eingefaßt und zeugen von dem Ordnungssinn und der Thätigkeit der Bewohner. — Das Klima ist angenehm, die Luft gesund, das Wasser hell und frisch, die ganze Insel schön, ein wahres Paradies.

Die Insel selbst wird eingetheilt in

Ober-Zell
Mittel-Zell } mit gleichbenannten Pfarreien und eigenen
Nieder-Zell   Fried- oder Kirchhöfen, Gottesäckern.

Die Hauptbevölkerung ist zu Mittelzell, wo auch die Wohnungen näher beisammen liegen; die geringere Zahl Häuser in Ober- und Niederzell sind zerstreut.

Im Ganzen sind es (nach der Volkszählung von 1858) 1381 Einwohner.

---

*) Johannisberg — ursprünglich eine Benediktiner-Abtei, jetzt prachtvolles Schloß des Fürsten von Metternich, unter Nassauischer Hoheit — liegt im Rheingau unweit Geisenheim und ist durch den vorzüglichen Weinwuchs berühmt. Es ist die Rieslingsrebe, welche das köstliche Getränk liefert, und die späte Lese, welche das ihrige dazu beiträgt.

Ihre Hauptbeschäftigung ist der Feld-, Wein-, Garten- und Obstbau. Handwerker sind: Bäcker, Glaser, Hafner, Küfer, Leineweber, Maurer, Schiffbauer, Schlosser, Schneider, Schreiner, Schuster, Wagner, Zimmerleute. Dazu kommen 3 Krämer (Spezerei-Waaren-Händler) und 8 Gastwirthe mit Realwirthschaften.

Die Gasthäuser — sämmtlich in Mittelzell — führen folgende Schilde:
Adler (Marx Uricher) auf der Ergat,
Bären (Jos. Anton Gensle) bei der Ergat,
Hirschen (Georg Sauter) hinterm Bären,
Krone (Ferdinand Schuhmacher) an der Ergat,
Lamm (Karl Blum) nach Süden, gegen die Hochwart,
Löwen (Marx Welte) an der Straße nach Konstanz,
Schiff (Joseph Anton Honsel) nach Süden, am Weg zur
    Fahr nach Mannenbach,
Sonne (Baptist Wurz) auf der Ergat.

Ferner sind in Mittelzell die Schulen für die ganze Insel, mit zwei Hauptlehrern, zu deren Gehalt beitragen:
1. die verschiedenen Stiftungskassen   362 fl. 8 kr.
2. die Gemeindekasse   37 fl. 54 kr.
3. die Staatskasse   — fl. — kr.

Die Baupflicht bei den Pfarrkirchen zu Ober- und Niederzell liegt dem Kirchenfond ob; bei der Münsterkirche in so weit, als das Vermögen nicht hinreicht. — Baureparaturen hat das Aerar zu besorgen.

Ehre und guter Name ist dem Reichenauer eine Hauptsache. Um sie zu erhalten, ist er fleißig, sparsam, nüchtern und genügsam. Fleischspeisen kommen in der Regel nur an Sonn- und Festtagen vor. Reichenauer Bettler gibt es nicht. Die Ortsarmen werden aus den Lokalstiftungen unterstützt.

d. Der vereinigte Armenfond

besteht aus dem Vermögen des ehemaligen Waisenfonds, der Armenkasse und der Leprosenpflege.

Die Vereinigung des Waisenfonds und der Armenkasse fand auf Beschluß großh. Seekreisregierung vom 20. Dezember 1842 Nr. 23,390 statt; die Vereinigung der Leprosenpflege mit denselben in Folge Erlasses vom 25. Mai 1845 Nr. 10,501.

Der Waisenfond entstand durch mehrere milde Stiftungen von Ortseinwohnern; — der Armenfond durch Stiftungen eines Wohlthäters und durch Beiträge anderer milden Stiftungen, — und der Leprosenfond durch die Fürsorge der Gemeinden Allensbach, Kaltbrunn und Reichenau, welche auf gemeinschaftliche Kosten zu Allensbach ein Siechenhaus erbauten, worin unheilbare Kranke Pflege erhielten, mit der Bedingung, daß sie einen Theil ihres Vermögens dem Siechen- oder Leprosenhause für ewige Zeiten als Eigenthum verschrieben.

Als das Leprosorium in Allensbach 1820 aufgehoben und das Gebäude von der dortigen Gemeinde erworben wurde, fiel dann den betreffenden Gemeinden ihr Antheil zu.

c. Hauptplätze

sind: die s. g. Ergat, eine lachende Ebene mitten auf der Insel, zu Mittelzell, bei den Gasthäusern Sonne und Adler und dem alten Rathhause, da wo die Linden stehen. Bei der größten Linde von 36 Fuß im Umfang war das alte Mallgericht. Diese Linde ist ganz hohl. Was mag sich wohl da Alles im Verlaufe der Zeiten zugetragen haben! — Ferner die s. g. Hochwart, seit 1853 zu Ehren des Großherzogs Friedrich und seiner Gemahlin Luise die Friedrichshöhe genannt. Sie ist, wie schon gesagt, der höchste Punkt der Insel und ihre Stelle bezeichnet ein hohes Kreuz sowie ein Belvedere, das Herr Hofrath Johann Willibald v. Seyfried 1833 erbaute und jezt dem Herrn Christian Wittlinger, Gutsbesitzer, gehört.

Sie ist mehr als 160 Fuß über dem See, und der gegenüberliegende Arenaberg (Schloß und Besitzthum des jetzigen

Kaisers der Franzosen, Louis Napoleon III.) übertrifft es nur um 2 Fuß an Höhe.

Auf dieser Hochwart und namentlich vom Belvedere aus, wo Herr Wittlinger einen guten Tubus aufgestellt hat, und es mit Bereitwilligkeit Fremden öffnet, genießt man eine ungemein schöne Aussicht.

Gustav Schwab sagt: *)

„Sie ist zwar nicht so weit und durch keine so kolossale Gegenstände gehoben, wie auf dem Bodensee, besonders wenn sich der Blick gegen Südosten wendet, auch sind die Ufer des Untersee's niedriger und flacher; — aber es vereinigt sich hier Alles zu einem Landschaftsgemälde von sanftem und mildem Charakter, der das Auge um so traulicher anspricht, je näher die Hauptparthien demselben gerückt sind."

„In bunter Mannigfaltigkeit stellen sich an den Ufern des See's blühende Dörfer, Städte und Schlösser, ländliche Hütten und stattliche Klöster, Kirchen, Weinberge und Getreidefelder, fröhliche Wiesen und düstere Wälder dar, und jenseits des Rheins, der sich in die lieblichste Thalbucht vertieft, — thut sich das lachende Thurgau auf, an Fruchtbarkeit und Kultur ein großer Garten, besäet mit Landhäusern und Dörfern und überall die fleißige Hand und den thätigen Geist seiner Bewohner verkündend. Tief im Hintergrunde des südlichen Landufers ragt, vereinzelt und scharf begränzt, hoch über die Vorberge der Säntis hervor, der hier mehr die Gestalt eines isolirten Berges, als einer Gebirgskette hat; von dem benachbarten Hügel schauen die Schlösser der Napoleoniden (Arenaberg, Eugensberg ꝛc.) auf die Insel herab, die das Grab des letzten Karolingers (Kaiser Karl III. oder des Dicken) in sich schließt."

---

*) Der Bodensee nebst dem Rheinthale ꝛc. von Gustav Schwab. Stuttgart und Tübingen bei J. G. Cotta. 1840. I. Abthlg. Seite 17—19.

„Am westlichen Gestade betrachtet das Auge den breiten Rheinausfluß und folgt dem Strom das lange Thal hinunter; dann lenkt es hinüber zu dem gestreckten Zwischenrücken des Schienerberges (vom Dorfe Schienen so genannt), und rechts von denselben schweift es wieder über die wohlbekannten Burgen des Hegäus (Hohentwiel, die drei Stoffeln, Hohenkrähen, Mägdeberg und Hohenhöwen) hin, die alle auf zerstreuten malerischen Vorbergen, wie auf Schemmeln, ruhen. Am nördlichen deutschen Seeufer ziehen sich die Dörfer Allenspach und Hegne hin; dahinter Hügel und Wald. Im Osten steigen die Thürme und Giebelhäuser von Konstanz hinter dem kurzen Rheinlauf empor. Den Hintergrund bildet der in blauer Ferne zurückweichende Bregenzerwald, der aber hier ganz niedrig erscheint und über den die Vorarlberger Alpen hoch emporragen; auch den Einschnitt und die Berge des Rheinthals wird man, doch nur in unsichern Umrissen, gewahr."

„Senkt sich der Blick von dieser fernen Umgebung wieder zur nächsten, so sieht er von dieser Hochwart herab die ganze etwa fünf Viertelstunden lange und zwei Viertelstunden breite Insel eiförmig vor sich ausgebreitet und labt sich an ihrer wechselreichen Fruchtbarkeit, an ihren Hütten, Villen und Kirchen. Am östlichen Ende entdeckt er die kleine Ruine der Burg Schopfeln, die hier, wo alles nur Gegenwart zu athmen scheint, in einsamer Verlassenheit trauert. Doch ist dieser ganze Boden reich an lauschender Vergangenheit, und wenn der Wanderer in die graue Münsterkirche eintritt, so erzählen ihm die hallenden Tritte von Königsgräbern, von frommen Verbreitern des Christenthums, von Tempelhütern der Wissenschaft und der Geisteskultur lange und dunkle Jahrhunderte hindurch. Jetzt wird ihm dieses lachende Eiland erst ernster und bedeutsamer, und mit Rührung verweilt er auf der verlassenen Stätte der Frömmigkeit und Kultur unsrer Ahnen; das blaue Band der schmalen Fluth, die sich schirmend um das Inselrund schließt, scheint ihm einen heiligen Herd und eine höhere Heimath abzugränzen, als er gesucht und begrüßt hat, da er zuerst den müden Fuß auf den freundlichen, gastlichen Boden setzte."

Die Kirchen und Baudenkmale selbst, die sich aus der Klosterzeit noch auf der Insel befinden, sind das Münster, die Kirche St. Peter, die Kirche zum hl. Georg, die Ruine Schöpfeln, das Bürglein u. s. w. wovon die Folge sprechen wird.

§. 2.
Kirchen und Kapellen.

a. Das Münster St. Mariä in Mittelzell *).

Das Münster wurde an der Stelle einer Kirche, die der fromme Pirminius aufgeführt hatte, zur Zeit Kaisers Karl des Großen, des größten Wohlthäters des Klosters, von Hatto, Abt zu Reichenau und Bischof von Basel erbaut und zwei Jahre nach dem Tode des großen Kaisers, 816 eingeweiht.

Unter Abt Witegow, der meist am Hofe Otto III. Aemter verwaltete, wurde diese Basilika mit schönen Bauwerken verziert, eine Kapelle des hl. Bartholomäus, eine andere der hl. Erasmus und Herakleus gebaut und ein Altar zu Ehren des hl. Othmar geweiht 985. — Im Jahr 1048 kam Kaiser Heinrich nach Reichenau und ließ am 24. April die neue Kathedrale des hl. Markus, die vom Abte Berno erbaut worden, in seiner Gegenwart von Bischof Theodorich von Konstanz einweihen. Also berichtet Herimann Contractus in seiner Chronik.

---

*) Siehe: „Beilage zur Augsburger Postzeitung." Nr. 273 und 274 vom 3. und 4. Dezember 1857.

Nach dem Tode Berno's erlosch der Glanz der Abtei, sie war nur mehr ein Schatzkasten für die Kaiser, welche die Abteiwürde verkauften, später aber eine Versorgungs= anstalt für die Söhne des Adels, welche zuweilen selbst die Inobedienz so weit trieben, daß sie das Kleid des Bene= diktinerordens wegwarfen, nach Belieben die Güter des Klosters verzehrten, dem Abt aber, der sie in die Schran= ken der Zucht zurückführen wollte, durch ihre mächtigen Ver= wandten bekriegen und verfolgen ließen, wie solches dem Abt Diethelmus, Freiherr v. Castel geschah, der sich 1320 vor seinen aufrührerischen Mönchen und ihren Verwandten nur in der Veste Steckborn und Schopfeln, die er sich er= baut und erneuert, sichern konnte. Durch solches Wesen kam die Abtei zum gänzlichen Verfall und es war nicht daran zu denken, daß unter solchen Umständen ein Neubau der Kirche vorgenommen werde, wie dieß vom 12. bis 14. Jahrhundert in vielen Klöstern geschah, wenn auch kein Nothbau drängte. Abt Friedrich, der auf den Wunsch sei= nes Vorgesezten, des Abtes von St. Blasius, nach Rom reiste, und die von Mönchen ganz verlassene Abtei Reichenau von Papst Martin V. erhielt, fand zwei adelige Herren noch in der Abtei wohnend, den Heinrich, Graf von Lupfen, und Johannes, Edler v. Rosenegg, welche sogleich, da sie eine Reformirung der Klosterzucht fürchteten, den Orden und das Kloster verließen und zu ihren Eltern heimkehrten. — Friedrich kam 1428 nach Reichenau und suchte das gänzlich ver= armte und herabgesunkene Kloster zu heben und mit Mön= chen von St. Blasius neu anzupflanzen. Unter ihm regte sich wieder einige Bauthätigkeit, er baute den Chor in der Ostseite des Münsters. Seine Nachfolger traten aber nicht in seine Fußstapfen und so erfolgte 1540 die Incor= poration und 1757 die gänzliche Aufhebung des Klosters.

Diese historische Uebersicht mag die Möglichkeit darlegen, daß dieses Münster sich durch 800 Jahre größtentheils un=

verändert erhalten. Zwar wird von Crusius und Bruschius eines im Jahre 1172 am Münster statt gefundenen Baues gedacht, doch zeigt der Augenschein, daß dieser Bau nur ein theilweiser oder eine Renovation gewesen sein kann; denn nirgends begegnen uns die reichen Bauformen jener Zeit; gegen den Gebrauch jener Periode ist das Aeußere ganz schmucklos, fehlen im Innern die Gewölbe. Wir haben also hier einen Bau vor uns, der im Jahre 816 gegründet, 985 verschönert und 1048 entweder zum zweitenmal neu gebaut oder vergrößert worden ist. Die 1048 geweihte sogenannte Chathedrale des heiligen Markus jedoch ist mit der Basilika B. Mariæ Virginis ein Bauwerk, da in lezterer die Reliquien des heil. Markus bewahrt wurden. Ob aber Bernos Bau eine Erweiterung dieser alten Basilika gegen Osten zu oder ein totaler Neubau war, können wir nicht entscheiden.

Das Aeußere der Basilika entbehrt aller Zier; es galt damals der Grundsatz: „alle Zier der Tochter Sion soll von Innen sein." Aehnliche Einfachheit in der äußeren Anlage finden wir an den ältesten Basiliken Roms und anderer Bauten jener frühen Zeit. Zudem sind hier die Außenwände vielfach umbaut. Ein starker mächtiger Thurm von 40 Fuß Breite und etwa 30 Fuß Tiefe ist der Westseite vorgebaut. An diesem Thurm sehen wir einige Gliederung, die einzige im Aeußern vorkommende. Sein Material ist, wie am Kirchenbau, rohes Feldgestein; aber vier breite Lisenen (vertikale Wandstreifen) von festem dunkelfarbigen Haustein gliedern seine westliche Breitseite, während einfache Rundbogen: Friese in zwei Stockwerken übereinander eine Quergliederung bilden. An den schmälern Seitenflächen sind nur Ecklisenen und einmal eine Horizontalgliederung durch zwölf aneinander gereihte Rundbogen. Der ursprüngliche obere Theil des Thurmes ist zerstört, ist aber durch einen rohen Bau ergänzt. Die Dachung bildet ein unförmliches

Sattelbach. Zwei offene Hallen zu den Seiten des Thurmes (ebenfalls jüngere Bauten) überdecken die Eingänge in das Münster.

Beim Eintritt wird der Besucher überrascht von den großen Verhältnissen und der eigenthümlichen Anlage dieser Kirche. Anstatt in den hintern Theil der Kirche zu gelangen, sieht er sich in dem Chorraum und ehemaligen Sanctuarium einer alten nach Westen orientirten Basilika. Einzig in seiner Art ist die 38 Fuß breite und 19 Fuß tiefe und sehr hohe halbkreisförmige und in Form einer Halbkuppel gewölbte **Absis** (Altarnische) in die Wand des massiven Thurms eingetieft. Unmittelbar, also mit Weglassung eines eigentlichen Chorraumes, legt sich an der Absis ein Querschiff von 100 Fuß Länge und 40 Fuß Breite an*). Es ist ohne Gewölbe; seine Wände schließen im Innern (was bei uns selten vorkommt) mit Rundbogenfriesen ab, die aber nur mehr theilweise erhalten sind. Vier gewaltige Rundbögen von breiter Leibung in einer Spannung von 40 Fuß, umgeben den Mittelraum des Querschiffes und bilden die Vierung; der östliche dieser Bogen bildet die Verbindung mit dem Mittelschiff; mit den Seitenschiffen verbindet sich das Querschiff durch zwei kleine mit einer Säule gestützte Rundbogen; also im Ganzen durch eine Arcade von fünf Bogen. Wir haben also hier ganz dieselbe Anordnung des Sanctuariums im Westen und unmittelbar daran

---

*) Das durch Langs- und Querschiff gebildete Kreuz ist hier noch das alte, in Form eines T gestaltete Kreuz, indem über den Querbalken hinaus blos die halbkreisförmige Absis ragt, die etwas später mit einem Thurm mochte überbaut worden sein. Gleiche Form haben die alten christlich-römischen Basiliken: St. Johann im Lateran von 897, St. Paolo von 386 und die ehemalige St. Peterskirche von 826. Selbst in den 5 Bogen, durch welche das Querschiff mit dem Langschiff verbunden ist, obwohl letzteres in diesem Münster nur aus 3 Schiffen besteht, ist eine Nachbildung der 5 Pforten nicht zu verkennen, die in den 3 römischen Basiliken das Kreuzschiff mit den 5 Langschiffen verbanden.

stoßenden Querschiffes wie im Dome zu Augsburg. Auch St. Emmeran in Regensburg (wohin 1030 der Mönch Burkhard von Reichenau als Abt befördert wurde) hat dieselbe Anlage in seinem Dionysius-Chor und kann als drittes Beispiel gelten.

275 Fuß dehnt sich das Münster in die Länge aus, 100 Fuß in die Breite; 16 Pfeiler bilden zwei Reihen Rundbogenarcaden und theilen den Breitenraum in drei Längenschiffe. Die Pfeiler haben die einfache Vierecks=form, Basis und Kämpfergesims besteht wie im Dome in Augsburg nur aus Schräge und Platte. Diese einfachen Glieder an den Kämpfern sind jedoch hier durch meist flache, eingemeißelte Verzierungen, die theils in Zickzacklinien, theils in Laubwerk, das sich in Schlangen=linien bewegt, bestehen — geschmackvoll verziert. Die Pfeiler von Haustein haben 3 Fuß Durchmesser, je 11 Fuß stehen sie in den Arcabenbögen von einander ab. Die Leibung der Arcabenbögen ist flach und ungegliedert.

Das Mittelschiff, organisch stimmend zu Querschiff und Absis, hat ebenfalls 40 Fuß Breite und gleiche Höhe mit dem Querschiff, während die Seitenschiffe die halbe Höhe des Mittelschiffes und etwas mehr als die Hälfte von dessen Breite haben. Wie einfach und schmucklos das Ganze an=gelegt ist, so bildet es doch einen wohlgeordneten organi=schen, seinem Zwecke entsprechenden Bau. Denken wir dazu den Farbenschmuck, in welchem die Kirchen in jener alten Zeit prangten, so mußte dies ein erhabenes und herrliches Gotteshaus gewesen sein. Die Kirche zu Petershausen ist Beweis dafür. Noch ist eine Beschreibung von ihr vorhanden, woraus hervorgeht, daß Bischof Gebhard 983 die Krypta auch im Westen anlegte und über ihr das Sanctuarium baute. Diese Basilika zu Petershausen war auf's schönste bemalt und auf's kostbarste verziert. Die Säulen waren mit Silber umkleidet, die Ueberdachung des Ciboriums mit

vergoldetem Kupfer bedeckt, der Altar mit Gold und Edel=
steinen geschmückt und herrliche Bilder überall angebracht.

Wenn nun diese neu gegründete Kirche schon so schön
war, die nur 1½ Stunde von Reichenau entfernt lag und sogar
auf Reichenauischem Boden gebaut wurde, den der hl. Geb=
hard erst ankaufen mußte — wie schön muß erst das Münster
auf der Reichenau gewesen sein, das damals schon 200 Jahre
in Blüthe stand und in welchem Kloster bei 700 Brüder
und 500 Schüler lebten!

Minder herrlich als die Kirche zu Petershausen war
das Münster auf Reichenau gewiß nicht. —

Doch wir müssen auch des später erbauten Ostchors
und einiger Veränderungen in dem so prachtvollen Tempel
gedenken.

Die drei östlichen Pfeiler auf jeder Seite der alten
Arcaden sind in eine Mauer eingezogen, welche den öst=
lichen Theil der Seitenschiffe ganz vom Mittelschiffe trennt.
Weiterhin gegen Osten, sehen wir die drei Schiffräume
um etwa 30 Fuß sich fortsetzen. Ein weit gesprengter
Bogen vermittelt hier auf jeder Seite Mittel= und Neben=
schiffraum. Unter diesem Bogen ist eine 9 Fuß hohe horizontal
abschließende Scheidewand, so daß nur eine Thüre in diese
Nebenräume führt. Diese Wand charakterisirt sich als eine
alte Einrichtung, da sie ein mit schönen romanischen Orna=
menten geziertes steinernes Gesimse hat. An diesen unsers
Dünkens etwas jüngern Bautheil als die gegen West ge=
wandten, schließt sich der gothische Chor als der jüngste
Bautheil in einer Ausdehnung von 70 Fuß an. Auf den=
selben führen einige Stufen; zwölf Pilaster, immer aus
drei Stäben (Diensten) bestehend, gliedern die Wände und
senden ihre Dienste in Rippen aufgelöst in den Spiegel des
netzförmigen Gewölbes. In den Hohlkehlen, durch deren
Vermittlung die Dienste sich mehr von der Wand ablösen,
sind Consolen und Baldachine angebracht; die dazu gehörigen

Statuen aber nicht mehr vorhanden. Sieben hohe und weite Fenster durchbrechen die Wände zwischen den Pilastern; sie sind durch je drei Pfosten getheilt, und das Bogenfeld durch Maßwerk mit Fischblasen und Eselsrückenbogenformen gefüllt. Die zwei westlichen Wandnischen sind nicht durch Fenster durchbrochen; waren aber einst, wie deutliche Spuren zeigen, mit Figurenmalerei gefüllt. Die Wandflächen unter den Fenstern sind durch Nischen, die mit Bogenfriesen abschließen, gegliedert. Der Chor schließt dreiseitig. Aussen umgeben den Chor wohlgegliederte Strebepfeiler, die wie die Dienste, Fensterwangen und Gewölberippen, von Haustein sind. Im Gewölbe ist die Jahreszahl 1551 zu lesen. Doch da nach Gerbert der Chor von dem thätigen Abt Friedrich, der 1428 die Abtei antrat, begonnen wurde, so scheint sich diese Jahrszahl nicht auf die Erbauung des Chors, dessen Bau guten Organismus, große Leichtigkeit und Eleganz zeigt, was in jener spätern Zeit nicht mehr wäre zu erwarten gewesen, — sondern nur auf eine Renovation zu beziehen. Möglich aber wäre es, daß 1551 erst die Gewölbe vollendet worden wären, da vielleicht Abt Friedrich das angefangene Werk nicht vollenden konnte und dasselbe bei den folgenden Mißgeschicken des Klosters ein Jahrhundert unvollendet blieb.

Auf den über die Absis gebauten Thurm, dessen obersten Theil der Abt Friedrich 1437 erbauen ließ, nachdem der ursprüngliche Helm bei einem heftigen Sturm zerstört worden war, — führen zwei im Mauerkörper angelegte steinerne Wendeltreppen. In zwei Stockwerken finden sich Reste einer Art nach Innen gekehrter Gallerie aus drei Rund=bogenstellungen bestehend. Oben im Thurme sind mehrere ziemlich große, alte Glocken. Eine derselben von 4 Fuß Durchmesser hat in Majuskeln*) die Inschrift: „In die Galli

---

*) Majuskelschrift heißt die Schrift mit großen Anfangsbuchstaben; Minuskelschrift die mit kleinen Anfangsbuchstaben.

sub Eberhardo Anno 1302 fussa est haec campana." Die Größte hat mit schönen Minuskeln die Aufschrift: „1392 in die remigii fussum est hoc vos. deus procul pelle vim grandinis atque procellarum." Eine Dritte hat die Jahrzahl 1493 und die Aufschrift: „O sancte spiritus." „Ave gratia plena."

Eine Krypta scheint hier unter dem Sanctuarium nicht angelegt gewesen zu sein; auch in Petershausen wurde 1086 die Krypta entfernt, und der Altarraum mit dem Chore in gleichen Plan gebracht. Wenn wir übrigens auch keinen Altar mehr sehen, so können wir durch Mittheilung der höchst interessanten Beschreibung des Ciborien-Altars, den der hl. Bischof Gebhard von Konstanz zu Petershausen in der von ihm erbauten und 992 zu Ehren des hl. Gregor geweihten Klosterkirche errichtet, uns doch den Bau und die Pracht des einst hier gestandenen Altars vergegenwärtigen. In sehr naiver Erzählung berichtet uns nämlich das Chronicon Petershusanum: „Nachdem er (der hl. Bischof Gebhard) vier Säulen von Holz der Steineiche verfertigt und Verzierungen in Form von Weinreben hatte bilden lassen, versammelte er die Bürger von Konstanz und redete sie also an: „„Ich habe, sprach er, vier Töchter, welche ich zur Verheirathung ausstatten soll, aber ich kann sie ohne eure Hilfe nicht ehrenvoll ausstatten; deßwegen versammelte ich euch und bitte, daß ihr mir nach eurem Vermögen und Wohlwollen eine freundliche Unterstützung zur Anschaffung einer schmuckreichen Ausstattung leisten möget."" Als hierauf Alle antworteten, daß sie aufs Freigebigste leisten wollten, was er nur immer anschaffen möchte, befahl er, die vier Säulen herbeizubringen und sagte: „„Diese Säulen seien die vier Töchter, diese möchte er zur würdigen Ausstattung mit Silber umkleiden,"" und er fieng zu bitten an, daß sie ihm dazu helfen sollten, was Alle mit dem bereitwilligsten Herzen versprachen und thaten."

„Durch solche Beihülfe unterstützt, umkleidete er die Säulen mit dem besten Silber, stellte sie auf steinerne, zierlich gehauene Basamente und verband sie durch vier Bogen, welche er auf einer Seite mit vergoldetem Silber und auf der andern mit vergoldetem Kupfer umhüllte. Ueber diesen Säulen und Bogen spannte er zur Ueberdachung des ganzen Ciboriums-Täfelwerk, in dessen Mittelpunkt er ein rundes Fenster anbrachte. Dieses war rings mit vergoldetem Kupfer bedeckt und einem erhabenen Rand nach unten zu, der mit Silber verkleidet war (welches aber, bemerkt der Chronist, ein Abt hinwegnahm und durch Blei ergänzte) versehen. Die Decke (wir haben uns wohl ein cassetirt kuppelförmiges Dach vorzustellen) war am innern Theile mit vergoldetem Kupfer zierlich verkleidet und mit den Bildern der vier Evangelisten in erhabener Arbeit nebst vieler anderer Zier geschmückt. Querüber an den vier Seiten waren silberne Täfelchen angeheftet, auf denen mit goldenen Buchstaben geschrieben stand:

Dieß g'ringe Werk entstammt dem Bund der Künste,
Will, St. Gregorius! der Kirche Hirt dir weih'n;
Führ' durch dein Bitten, deine Hochverdienste,
Den Hirten und die Heerd zur ew'gen Freude ein!

Ueber dem Rundfenster des Ciboriumdaches ist auf gewundenen hölzernen Säulen ein helmförmiges Dach, reich gegliedert und vergoldet, und über diesem das Bild eines weißen glänzenden Lammes gegen das Volk gewendet. Der Altar selbst (die Mensa) war hohl und gegen Osten mit einer Tafel (unser Antipendium) vom besten Gold bedeckt, die mit kostbaren Steinen geschmückt war; gegen Westen aber war er mit einer Tafel von Silber bedeckt, in deren Mitte das Bild Marias in erhabener Arbeit vom besten Golde im Gewichte eines Talentes Gold gebildet war. (Abt Bertholdus hat dasselbe 1122 zur Zeit einer Hungersnoth zum Ankauf von Getreide verwendet). An der Brust Mariens war das Bild einer Taube; die zwölf Apostel und andere Heilige von Silber umgaben es."

„Ueber dem Altare (scil. der mensa) hiengen (dependent) verschiedene Gefäße mit Reliquien der Heiligen. Zum Altare stieg man vom Chor über mehrere Stufen. Zu oberst dieser Stufen war in der Mitte ein mäßiger Raum in der Breite des Altares mit Quadersteinen eingeschränkt, der sich bis zum Altar, da, wo die Betenden die Knie beugten, erstreckte, und zunächst dem Altare war eine Marmorplatte von grüner Farbe in den steinernen Fußboden eingelassen, welche jene, die vor dem Altare beteten und die Knie beugten, küßten." So weit das Chronicon."

Aus dieser werthvollen, seltenen Beschreibung können wir sowohl auf den ehemaligen Altar in unserm Münster schließen (denn nach Bucelins Chronographie hatte Abt Wittegow im nämlichen Jahre 989 das Münster verschönert und zu Ehren der Himmelskönigin Maria und der heiligen Apostel Petrus und Paulus neu eingeweiht, als Bischof Gebhard den Bau der Basilika in Petershausen vollendete) — als auch uns überhaupt über die Form des alten Altars instruiren. Der Altar stand in Mitte des Sanctuariums, von allen Seiten frei, möglichst an erhöhter Stelle. Er bestand aus einer einfachen Mensa; diese war hohl, als die Grabstätte der Gebeine der Martyrer; aber auf beiden Seiten mit kostbaren Tafeln bedeckt. Die Betenden durften hinzutreten bis vor den Altar, um ihre Ehrfurcht zu be= zeugen; der übrige Raum des Sanctuariums war ab= gegrenzt durch steinerne Schranken für die celebrirenden Priester, welche bei der Feier des heiligen Opfers hinter dem im Westen errichteten Altar standen, so daß sie ihr Gesicht gegen Osten wandten. Auf dem Altar stand, wie es scheint, kein Gegenstand; nur Reliquiengefäße hiengen von der Decke des Ciboriums herab. Das Ciborium selbst war eine Art offener Tempel von vier frei aus dem Boden sich erhebenden Säulen, über welche sich vier Bogen spannten, und dem kuppelförmigen Dach bestehend. Zwischen diesen Säulen unter diesem Dache stand der Altar. Was an kostbaren Schmuck, an Gold, Silber und Edelsteinen aufzutreiben war, sehen wir zur Zierde desselben mit der größten Kunstfertigkeit verwendet, wie wir von der Mönche Hand zu einer Zeit, wo Kunst und Wissenschaft die eifrigste Pflege in den Klöstern fanden und wo (auf der Reichenau) selbst eine berühmte Schule der Bildnerei und Malerei war, nur erwarten konnten.

Was die Bauzeit des Münsters betrifft, so dürfte solche wie die der Kirche St. Georg in Oberzell ihren Ursprung in jener Zeit haben, wo die Bauformen der christlich römischen Basilika herrschend waren, nämlich bis zum Ende des ersten Jahrtausend. Damit stimmen auch die historischen Nachrichten überein. Ob aber das noch stehende Münster Hatto's von 816 ist (welcher ohne Zweifel ein solider, fester Bau gewesen war, indem damals das Kloster die reichsten Mittel besaß, der Bau mehrere Jahre in Anspruch nahm und unter den vielen Brüdern, die das Kloster bewohnten, Künstler sich jeder Art befanden), — oder ob wir Berno's Bau vom Jahre 1048 vor uns haben, — können wir nicht entscheiden; doch sprechen wir uns für das Erstere aus, da uns scheint, Berno's Bau habe das Münster **Unser lieben Frauen** der Hauptsache nach unverändert bestehen lassen; — auch die Kirche des hl. Markus, an welcher Berno (nach Bucelin) 40 Jahre baute, vielmehr entweder eine vom Münster verschiedene Kirche zu sein scheint, weil nichts erwähnt wird, daß Berno's Kirche auch zur Ehre Mariä geweiht wurde, was doch allgemeiner Gebrauch im Benediktiner-Orden ist und um so mehr wieder hätte geschehen müssen, da Hatto's Bau zu Ehren Maria geweiht war; — und endlich anzunehmen ist, daß ein solcher Neubau für die Wallfahrer zu den Reliquien des hl. Markus wohl hat nöthig werden können. Anderseits aber müßte angenommen werden, daß Berno's Bau blos in einer Verlängerung des alten Münsters gegen Osten und der Anlage eines Ostchores bestanden habe, wozu die noch vorhandenen alten vom Westbau verschiedenen Bauformen als Anhaltspunkt dienen könnten.

Schließlich nimmt man an, daß im Alterthume, namentlich bei Klosterkirchen, zwei Chöre bestanden haben, nach Osten und nach Westen, die beiderseitig miteinander corresponbirten, und weist in dieser Hinsicht auf den Bauplan der alten Klosterkirche von St. Gallen, wo Manche glauben, der eine habe für den celebrirenden Priester, der andere zum Responsorium gedient; allein hier bei St. Gallen wurden die zwei Chöre nothwendig, weil neben diesem Kloster noch eine weltliche Gemeinde bestand, während zu Reichenau die Mönche die einzigen Bewohner waren. *)

Die Altäre waren folgende: **)

Summum altare ecclesiae majoris. Patroni ejusdem ecclesiae et altaris beatissima virgo Maria, conpatroni apostoli Petrus et Paulus, s. Marcus evangelista.

In cancellis altare s. Michaelis. conpatroni undecim millia virginum, Augustinus, Yeronimus.

Sub cancellis ex latere uno altare s. trinitatis. conpatroni assumptio beatae v. M. Pelagius, Christophorus.

Sub cancellis ex latere alio altare s. Johannis evangelistae, conpatroni Matthaeus evangelista, Lucas evang., tres magi, Cosmas et Damianus.

In choro s. Marci. altare s. Marci. conpatroni s. Meinradus, s. s. Senesius et Theopontus.

---

*) Siehe „Annales Ordinis Benedicti Occidentalium Monachorum Patriarchae." Von Johannes Mabillon. Luteciae Parisiorum. 1704. II. Theil, Seite 570—571 (wo auch der Plan des Klosters und der Kirche St. Gallen sich befindet).

**) Mone: „Quellensammlung". I. Band, Seite 240.

Ex latere versus s. Johaunem altaria. altare XII apostolorum. conpatroni s. Genesius et Albanus, s. Georgius et Albertus.

Altare s. Johannis Baptistae. ss. Innocentes martyres, s. Mauricius cum sociis ejus.

Altare s. Galli, s. Leonhardus, s. Othmarus.

Altare s. crucis, s. Johannes et Paulus martyres. s. Helena.

Altare s. Fortunatae, fratres ejus, Maria Magdalena, Petronella.

Ex latere versus monasterium altaria. Altare s. Benedicti. Conpatroni s. Scolastica, s. Gregorius papa, s. Maurus et Placidus.

Altare s. Pirminii. s. Conradus, s. Udalricus.

Altare s. Stefani. s. Januarius, s. Pimenius.

Altare s. Nicolai. s. Martinus, s. Wolfgangus.

Altare sanctae Fidis. s. Katharina, s. Barbara.

Der Hochaltar (summum altare) also mitten im Kreuzchor.

1. Der Altar des hl. Evangelisten Marcus } im Chor.
2. „   „   „   „ Michael
3. „   „ der „ Dreifaltigkeit } am Lettner beim
4. „   „ des hl. Evangelisten Johannes } Chorschluß.
5. „   „ der zwölf Apostel
6. „   „ des hl. Johannes Baptistä
7. „   „   „   „ Gallus
8. „   „   „   „ Kreuzes
9. „   „   „   „ Fortunatus } außerhalb des Lettners in den
10. „   „   „   „ Benedikt } Abseiten (Latera).
11. „   „   „   „ Pirmin
12. „   „   „   „ Stephanus
13. „   „   „   „ Nicolaus
14. „   „ der „ Fides

Jezt bestehen noch folgende Altäre:
1. der Hochaltar und } im Chor.
2. der Altar des heiligen Kreuzes

3. der St. Markus-Altar,
4. der St. Pirmin-Altar und } im linken Seitenschiff,
5. der St. Johann Nepomuk-Altar
6. der Mariä-End-Altar im rechten Seitenschiff.

An Gemälden sind vorhanden:

Einige Glasgemälde in den Fenstern; eine alte romanische Mensa; ferner ein großer Altarschrein (in der Nische des vordersten Chorfensters, vom Jahr 1498 — angeblich in der Reformationszeit bei der Bilderstürmerei von der Schweiz im Wasser herüber geschwommen und von den Wellen auf die Insel geworfen) mit mehrfachen großen Reihen von Gemälden innen und außen bedeckt. Im Innern des Schreines sind vier Reihen Gemälde: oben Mariä Krönung, dann eine große Personengruppe aus der heiligen Familie und die Apostel; ferner eine Gruppe von 10 heiligen Bischöfen und Martyrern ꝛc., darunter auch der heil. Pirmin mit einer Schlange als Symbol, der Stifter des Klosters; endlich eine Reihe von 13 Heiligen. Die zwei offenen Flügel stellen in acht Abtheilungen zahllose Heilige, den ganzen himmlischen Chor vor; die geschlossenen Flügel sind mit den Scenen der Leidensgeschichte in 6 Abtheilungen bemalt. Die Gemälde sind schön und gut erhalten. Leicht hätte dieser Schrein zum Choraltar wieder verwendet werden können, (während der gegenwärtige neue, äußerst arme, nur aus Mensa und Kreuz besteht).

Ferner: zwei große Tafeln beim Altar am eisernen Gitter. Das rechts (Epistelseite) mit der großen Prozession stellt die Translation des hl. Blutes von Güntersthal 1738 dar, wovon in Theil II. (bei der Geschichte der Reichenau §. 47) die Rede ist, — und das links (Evangelienseite) mit dem Kloster und seiner Umgebung: die Legende des hl. Pirmin. Die Tafeln, welche auf beiden Seiten des Schiffs der Kirche aufgehängt sind, stellen in Gemälden mit darauf bezüglichen Inschriften die Geschichte des heiligen Blutes dar.

Das Sakramenthäuschen im Chor ist auch noch sehenswerth. Es bildet ein viereckiges schreinartiges Behältniß, das an der nördlichen Wand auslabet, von einer Console unterstützt, auf welcher Engelsköpfe gemeißelt sind, deren einen in launig neckischer Weise der Steinmetz mit einem Schnauzbart dargestellt hat. Zu beiden Seiten des mit Hohlkehlen und Stabwerk verzierten Häuschens ist in 4½ Fuß hohen steinernen bemalten Relieffiguren der englische Gruß zur Darstellung gebracht.

Ferner findet sich im Chor eine Madonna, 8 Fuß hoch, von Stein gemeißelt, ein sehr schönes Kunstwerk des 14. Jahrhunderts.

Auch die **gothischen Chorstühle** sind der Erwähnung würdig.

Endlich ist in einem der Seitenschiffe über der Stelle, wo früher die Reliquien des hl. Markus bewahrt wurden, die **Mensa eines gothischen Altars**, zu der mehrere Stufen hinaufführen, deren Geländer schönes gothisches Maßwerk ziert.

b. Grabmäler des Münsters.

Von diesen, an denen die Figuren aufzufinden, wenn auch die Inschriften nicht mehr recht lesbar sind, bestehen noch und zwar im s. g. kleinen Glocken-Chor, von den Chorstühlen rechts hinein, nahe bei der Thüre, wo sich sonst die Brüder mit Weihwasser besprengten:

Das Grabmal des Abts Eberhard v. Brandis. Die Inschrift lautet: Anno domini 1379 obiit venerabilis Pater et Dominus Eberhardus abbas hujus Monast. natione de Brandis, requiescat in pace, obiit in die Michaelis.

Ferner nach dem vom Jahr 1766 vorhandenen Kirchengrundriß nummerirt:

Nr. 3. Abt Georg Piskator, gest. 1519. Auf dem Grabstein ist eine von Messing gegossene Figur eines Abts mit beigesetztem Wappen zu sehen.

Nr. 6. Das Grabmal Abt Diethelms von Kastell, der im Jahr 1342 starb. Es stellt die erhabene Figur eines Abts in Stein dar.

Nr. 9. Bischof Johannes von Weza, gest. 1548. Er ruht in einem zinnernen Sarge. Sein Grab war in der St. Benedikts= (jetzt Markus=) Kapelle auf der Rückseite des Pirminsaltares gegen Nordost; seine Grabschrift ist 12 Schuh davon entfernt in der Chormauer gegen Mittag auf einem erhöhten zierlichen Grabmale. Die Inschrift heißt: Der in Christo ehrwürdigste Vater und Herr, Herr Johannes von Weza, von dem Erzbisthum Lunder in Dänemark und dem Dekanatsamte desselben zu Röschilde ins Elend verwiesene Bischof hat durch die Gnade des römischen Kaisers Carolus V. und des Königs Ferdinand das Bisthum Constanz erhalten. Er starb plötzlich den 13. Juni im Jahre Christi 1548, liegt unter diesem Stein und erwartet den Posaunenschall. Den Grabstein ließ ihm sein Nachfolger setzen.

Nr. 53. Abt Werner von Rosenegg, gestorben 1402. Seine Grabschrift mit Wappen ist (neben dem Grabmal eingehauen) an der rechten Seitenwand, vornen.

Nr. 72. Abt Mangold von Brandis, gest. 1384. Sein Grabmal ein großer Stein mit der Figur eines Abts. Die Grabschrift lautet: **Anno Domini 1384 obiit Mangoldus de Brandis, Abbas Monast. Augiæ majoris, Episcopus ecclesiæ Constantiensis.**

Nr. 73. Abt Friedrich von Zollern, gest. 1427. Ein großer Stein mit der Figur eines Abts, zu dessen Füßen das Familienwappen sich befindet.

Nr. 75. Abt **Friedrich von Wartenberg**, gest. 1454, liegt im Grab Abt Heinrichs von Hornberg. Abt Johannes von Hunwyl ließ beiden zugleich einen Grabstein machen; daher sieht man zwei Prälatenstäbe auf dem Grabmal.

Die interessanteste Grabstätte jedoch ist die **Kaisers Karl des Dicken** (ein äußeres Kennzeichen ist freilich nicht mehr zu sehen). Sie befindet sich an jener Stelle, wo man in die Sakristei tritt. Der Bischof Schenk von Staufenberg ließ den 19. October des Jahres 1728 die Gebeine des Kaisers, welche zuvor an einer andern Stelle der Kirche geruht hatten, an dem Orte, wo sie jetzt sind, beisetzen. Unter einem Gemälde über der Sakristeithüre, das Karl den Dicken in Lebensgröße darstellt, liest man die Worte, welche vielleicht auf sein früheres Denkmal eingehauen waren:

Carolus Crassus, Rex Sueviae, pronepos Caroli Magni, Italiam potenter intravit, camque devicit, imperiumque Romanum, ubi Caesar coronatur, obtinuit, ac mortuo fratre suo Ludovico universam Germaniam et Galliam jure hereditario acquisivit. Demum animo, mente et corpore deficiens, ab imperio suo sane magno cum fortunae ludibrio dejectus, a suis omnibus postpositus, humili hoc in loco sepultus jacens, obiit anno Dmni 888 Idibus Januarii.

    Pannonas et Cymbros diverso Marte subegit
    Carolus, a crasso corpore nomen habens.
    Sed bene quas juvenis regni tractarat habens,
    Iis iterum senior dispoliatus obit.

    Zu Deutsch:

Karl der Dicke, König von Schwaben, Urenkel Karls des Großen, drang mit Macht in Italien ein, überwand es, und nahm das römische Reich, wo er zum Kaiser gekrönt wurde, in Besitz. Nach dem Tode seines Bruders Ludwig erhielt er als Erbe ganz Deutschland und Frankreich; aber an Geist, Verstand und Körper schwach, ward er durch des Schicksals Tücke von den Seinigen verstoßen, von Allen verachtet, und an diesem unscheinbaren Ort begraben. Er starb den 13. Januar im Jahr 888.

Panonier und Cymbrer besiegt' er in glücklicher Feldschlacht,
— Karl, ob der Dicke des Leibs Karol der Dicke genannt, —
Die er noch jung mit Kraft geführt. Die Zügel des Reiches
Wurden ihm aber geraubt; ohne sie starb er als Greis. *)

Andere wichtige Grabstätten waren:

Das Grab des Herzogs Gerold von Bussen († 799), Schwager Kaiser Karls des Großen. Wo?

Das Grab des Herzogs Hermann I. († 948) in der Kapelle des hl. Kilian, welche zur Zeit des Klosterbrandes 1254 verschwand.

Das Grab Herzogs (Kammerboten) Berthold? enthauptet 917 — in der Kapelle des hl. Erasmus, welche ebenfalls nicht mehr besteht.

Das Grab des Herzogs Burkhard II. († 973) ebenfalls in der Kapelle des hl. Erasmus.

Das Grabmal des Grafen Mangold von Veringen-Nellenburg, welcher 1024 vom Kaiser Conrad dem Salier die Schirmvogtei über Reichenau erhielt (getödtet im Treffen gegen Herzog Ernst von Schwaben 1030) — in der Friedhofkirche (Gruftkirche). Wo?

---

*) Kaiser Karl der Dicke, der letzte Carolinger, wählte Reichenau zur Ruhestätte seines Leichnams. Er starb 888. Ein gleichzeitiger Mönch von Weißenau nennt ihn „den sanftmüthigsten unter den Söhnen Hludwigs (Chlodowich's)" — und der Abt Regino von Prünn sagt in seinen Chroniken: „Kaiser Karl III. war ein christlicher Fürst, der Gott fürchtete und seine Gebete von ganzem Herzen hielt, gehorsam der Kirche, freigebig im Almosen, mit Beten und Ibsingen von Psalmen unablässig beschäftigt; daß er aber gegen Ende seines Lebens seiner Würden entkleidet und all seiner Güter beraubt wurde, war eine Versuchung, die, wie wir glauben, nicht allein zur Läuterung, sondern was größer ist, zur Bewährung diente; denn er trug dieses mit der größten Gedul." — Der Leichnam des verstoßenen Fürsten wurde dann von den Mönchen von Zugia nach ihrer Insel gebracht. Auf dem Wege schien sich der Himmel zu öffnen und auf die Bahre fiel ein Lichtstrahl. Er wurde neben dem Altar der allerseligsten Jungfrau Maria zur Erde bestattet.

Bischof Metzler von Konstanz ließ 1560 das Grabmal des Kaisers im Chor der Klosterkirche, nahe beim Muttergottes-Altar, von Neuem herstellen.

c. Schätze des Münsters.

Solche sind:

1. **Das Kreuz, in welchem das heilige Blut aufbewahrt wird.** Dieses Kreuz, in der Form eines gleichschenklichen griechischen Kreuzes, ganz ähnlich der innern Umhüllung des St. Ulrichkreuzes in Augsburg, ist mit Gold und Edelsteinen verziert und hat auf einer Seite eine schwer zu entziffernde griechische Inschrift. *) Nach Herimanns Chronik ist „das Blut des Herren auf die Insel Reichenau im Jahr 923 gebracht worden." Tausend Jahre hindurch sind unzählig Viele hieher gewallt, um dieses Heiligthum zu verehren.

2. **Der Reliquienschrein des heiligen Markus.** Herimann berichtet also: „830. Den Leib des hl. Markus des Evangelisten hat unter dem Namen des Märtyrers Valens Ratoldus Bischof von Verona von dem Herzog von Venedig erhalten und mit dem Körper des Märtyrers Genesius nach der Insel Au (Reichenau) gebracht."

Der Schrein, in welchem die Reliquien des hl. Markus eingeschlossen sind, hat die Form eines Hauses, ist von Holz und mit Silber überzogen; er ist 4½ Fuß lang und 2½ Fuß hoch; Scenen aus der Leidensgeschichte Jesu in getriebener Arbeit zieren denselben. Der Styl deutet auf die Arbeit der Uebergangsperiode im 13. Jahrhundert. **)

---

*) Die Aufschrift des goldenen Kreuzleins lautet nach der Erklärung des Abts Gerbert von St. Blasien († 1793) zu deutsch: „Herr! hilf dem Hilarius, dem Herrn und Vorgesetzten des Klosters (Ortes) Azeretha oder Azerethas!"

**) Die Aufschrift des Reliquienkastens des hl. Markus lautet:

Mari praesulis ante figuratique leonis
ac polis evangelistae, tum martyris almi,
repleto signis tumulo lautaverat isto
corpus, in hac digno pausans sublimius aede,
urbeque delatum Venetum tumque sub annis
salvantis his quadringentis ter quoque denis.

Abt Berno weihte, wie erwähnt, die Basilika des Klosters 1048 zu Ehren des hl. Markus ein; auch wird öfter einer Kapelle des hl. Markus Erwähnung gethan, und noch ist der hl. Markus neben der Himmelskönigin Maria — Patron des Münsters.

3. **Der Reliquienschrein der Heiligen Genesius, Felix und Regula, Marcellus, Bartholomäus u. a. m.** Dieser herrliche Schrein ist 2 Fuß lang und 1 Fuß 6 Zoll hoch, hat ebenfalls die Form eines Hauses; vier Engel bilden die Träger desselben. Die Seiten zieren acht Medaillons von Silber, 6 Zoll im Durchmesser, in welchen in getriebener Arbeit die vier Evangelisten und vier Bischöfe dargestellt sind. Die Dachflächen füllen Minuskel=Inschriften, das Dachgesims hat 4 Drachengestalten und den First ziert ein Kamm von aneinander gereihten Lilien. Die Arbeit hat den Charakter des 15. Jahrhunderts.

4. **Der Schrein mit den Leibern der hl. Martyrer Johannes und Paulus.** Dieses Prachtwerk der Goldschmiedekunst mag wohl im 8. oder 10. Jahrhundert gefertigt worden sein. Er ist 2 Fuß 4 Zoll lang und 2 Fuß hoch. Zwölf Medaillons zieren die Langseiten, darstellend: den Heiland der Welt, Maria, die vier Evangelisten; ferner Christus mit der Geißelsäule neben sich, Christus das Kreuz tragend, Christus am Kreuz, umgeben von Johannes und Maria, Auferstehung Christi, Christus erscheint der Magdalena, Christus der Auferstandene. Außerdem zieren den Schrein in Email von verschiedenen Farben, das in kleine Vier=Pässe eingeschmolzen ist, mannigfache Figuren, als: Greife und anderes Gethier; ferner edle Steine und endlich in Niello *) ausgeführte bedeutsame Zier von Engeln und andern figürlichen Darstellungen. An den zwei Schmalseiten des Schreines sind in er=

---

*) Niello=Arbeiten, italienisch; darunter versteht man in Metallplatten gegrabene und mit Schwärze ausgefüllte Darstellungen und Zeichnungen.

habener Arbeit als 9 Zoll hohe Figuren dargestellt: auf der einen Seite die hl. Märtyrer Johannes und Paulus, auf der andern die hl. Apostel Petrus und Paulus.

5. Der Reliquienschrein der hl. Märtyrin Fortunata, ebenfalls ein reiches herrliches Werk, von hoher künstlerischer Vollendung, das dem Styl des 14. Jahrhunderts entspricht. Die Seiten zieren die Statuen der zwölf Apostel, erhaben dargestellt; dann das Martyrthum der hl. Fortunata, nämlich: wie ihr das Haupt mit einer Säge entzwei gesägt wird und die Enthauptung derselben. Das Dach ist mit erhaben gearbeiteten Maßwerk verziert.

6. Noch ein Reliquienschrein des hl. Januarius, 4 Fuß lang und 3 Fuß hoch, von minder meisterhafter Arbeit des romanischen Styls aus dem 12. Jahrhundert; jede Langseite hat sieben Bogenfelder, Figuren einschließend; das Dach ist rautenförmig gegliedert.

7. Ein Speisekelch. Die Kuppa ist cylinderförmig, von Elfenbein-Schnitzwerk umgeben, das uns 9 Personen von großer Schönheit darstellt; die Arbeit möchte aus dem 11. Jahrhundert stammen. Der Fuß des Kelches ist spätgothisch. Der Griff hat 6 Emaille mit Engelsfiguren.

8. Ein Manuscript der vier Evangelien, angeblich aus dem 9. Jahrhundert; nach dem Charakter des Miniatur-Bildes, womit dasselbe geschmückt ist, jedenfalls aus sehr früher Zeit. Das Bild stellt Jesus im Tempel mit einem Buche in der Hand dar, wobei jedoch Christus als Knabe von 8 Jahren gemalt ist. Der Deckel des Buches ist schwer mit Silber belegt und gothischen Styls. Die Einfassung ist wohl eine spätere, vielleicht die zweite.

9. Ein steinerner Krug, der bei der Hochzeit zu Cana in Galiläa gedient haben soll. Jedenfalls eine schöne antike Vase.

10. Eine Monstranz vom Jahr 1680 (nicht 1688 wie Schönhuth sagt) aus Silber und vergoldet, die rings herum mit edlen Steinen und feinen Emaille-Gemälden

eingefaßt ist. Die Emaille stellen die 15 Geheimnisse oder den Psalter dar und sind mit Granaten gefaßt. Auch der Fuß der Monstranz hat Emaille. Diese vier mit Saphyr geschmückten Emaille enthalten in Gemälden das hl. Abendmahl, die Fußwaschung Jesu, das Ereigniß zu Emaus und die Fußsalbung Jesu durch Magdalena.

11. **Das heilige Blutgefäß.** Eine sehr schöne Arbeit von vergoldetem Silber, mit reicher Verzierung versehen, welche eine durchschlungene Rebe, nebst sechs Engeln mit Marterwerkzeugen enthält. Die Inschrift lautet: „Wer Christi Blut eifrig ehrt, wird von Gottes Lamm gewiß erhört."

12. Ein **Kreuzpartikel** massiv von Silber und theilweise vergoldet, mit Edelsteinen. In diesem Schatz sind zwei Dornspitzen von der Krone Christi und zwei Splitter des hl. Kreuzes.

13. Der **Schädel des hl. Bartholomäus** in Silber gefaßt und vergoldet, ebenfalls mit Edelsteinen geschmückt. Das Fußgestell ist schwarz gebeiztes Holz; das Haupt von einem Heiligenschein umgeben und hat eine Krone, wiederum mit Edelsteinen geziert. Die Inschrift mit erhabenen Buchstaben lautet: »Granium St. Bartholomaei Aposteli."

14. **Vier Armbeine.** Armbein des hl. Apostels Bartholomäus, plattirt und mit Rosetten verziert; die Einfassung des Fußes gothisch; die Hand von Silber. — Armbein des hl. Martyrers Pelagi. Die Umfassung von Silber und gefaltet; die Hand ebenfalls von Silber. — Armbein des hl. Diakon und Martyrers Marianus. Die Umfassung wie bei Pelagi. — Armbein des hl. Bischofs und Martyrers Emeran von Regensburg, seit 1600 in Silber gefaßt. Mit silberner Hand.

15. **Ein Zahn des hl. Evangelisten Markus,** welcher Zahn 1632 in Gold gefaßt wurde; er ist an einem goldenen Kettlein und hat dabei noch einen Abtsring.

16. Ein Zahn Kaiser Karls III. oder des Dicken (wahrscheinlich der Schmerzenszahn).

17. Ein Meßgewand aus dem 11. Jahrhundert, gestiftet von adeligen Fräulein im Hegau.

18. Ein reicher Ornat vom Jahr 1856. Geschenk von Karl Anton, Fürst von Hohenzollern-Sigmaringen.

19. Ein s. g. Glasfluß von 28 Pfund, blaßgrün, durchsichtig, jedoch nicht rein, von vielen Bläschen und Streifen durchkreuzt und in der Mitte zersprungen. (Siehe Geschichte der Insel und des Klosters §. 6.)

d. Die Kirche in Oberzell. *)

Diese Kirche „zum hl. Georg" — früher Hattozell genannt — liegt eine kleine halbe Stunde östlich von Mittelzell, unweit der zerstörten Burg Schopfeln.

Hertmann berichtet in seiner Chronik über diese Kirche also: „Im Jahr 888 folgte in Augia dem Abt Ruodhoch Hatto, der 25 Jahre regierte; dieser hat die Zelle und Basilika des hl. Georg auf der Insel gebaut." — Zu dieser Kirche soll Kaiser Arnulph viele Güter gestiftet haben. Wir halten es für ziemlich wahrscheinlich, daß Hatto's Bau in dem gegenwärtigen Kirchengebäude enthalten ist.

Das Aeußere ist, wie in Mittelzell, ein roher Feldsteinbau; schmucklos verlaufen die drei Schiffe, und aus ihrer Mitte erhebt sich ein dicker Thurm von geringer Höhe mit kurzer vierseitiger Pyramide bedeckt. Nur ein langes Gebäude, das der Westseite der Kirche vorgelegt ist, hat in seinen gekuppelten kleinen Rundbogenfenstern mit 4" breiten Pfeilerchen dazwischen einige Zier. Ueber das Dach dieses Gebäudes ragt die halbkreisförmige Absis hervor.

Wieder haben wir hier eine dreischiffige Basilika mit dem Sanctuarium, und die Absis im Westen.

---

*) Siehe: „Beilage zur Augsburger Postzeitung." Nr. 275 vom 5. Dezember 1857.

Während aber im vorher beschriebenen Münster die Schiffe durch Pfeiler geschieden sind, sehen wir hier die Arcaden durch Säulen getragen, haben also eine Säulenbasilika vor uns, wovon diesseits der Donau nicht allzuviel Beispiele zu finden sind.

Die Dimensionen selbst sind bedeutend kleiner als im Münster, circa 140' erstreckt sich die St. Georgs Stiftskirche im Innern in die Länge und hat bei 60' Breite; die Räume bilden aber nicht ein einheitliches Ganzes, sondern gehören verschiedenen Zeiten an.

Betrachten wir zuerst die alte gegen Westen gewendete Säulenbasilika. Der Altar hat im Westen seine Stellung in der halbkreisförmigen Nische oder Absis, welche in der Höhe der Decke des Mittelschiffes mit einem Halbkuppelgewölbe schließt; die Tiefe ist 10 Fuß, die Breite 22 Fuß. Chorraum ist keiner vorhanden. An die Absis stoßen unmittelbar die Schiffe, das mittlere von 27' Breite, die Seitenschiffe von je 15'. — Sechs freistehende Säulen tragen die Rundbogenarcaden, von flacher Leibung, auf welchen die Hochmauern des Schiffes ruhen.

Aus niedriger, viereckiger Basis, nur von einem Wulst umgeben (ohne Eckblattzier), steigen die runden 21" dicken Säulenschäfte 9' hoch empor. Die Kapitäle, fast jedes von dem andern verschieden, sind von ganz eigenthümlicher, selten zu findender Form. Von der Rundform der Säule zur Quadratform der Deckplatte ein Vermittlungsglied bildend, haben jedoch diese Kapitäle nichts gemein mit den die Vermittlung so leicht bewirkenden nach unten abgerundeten Würfelkapitälen; sondern bilden ein sogenanntes rundes Kapitäl, das korbförmig, theils in ausgebauchter, theils in eingezogener Form, von der Säulenrundung über einem schwachen Wulst beginnend sich zur viereckigen Deckplatte aufschwingt. Die Höhe dieser Kapitäle beträgt 15"; der Durchmesser der nicht über das Kapitäl hervorragenden Deck=

platte 2′ 2″, die Dicke derselben 3½″. Bei einem Säulenpaare hat die Deckplatte 2′ 6″ Durchmesser bei 6″ Dicke; bei diesen ist aber das Kapitäl selbst niedriger. Die eingerizten Verzierungen dieser Kapitäle sind wegen der oftmaligen Uebertünchung nicht kenntlich. Die Decken sind flach und die Fensterformen unförmlich und nicht mehr die ursprünglichen.

Zwanzig Schritte von dieser Säulenbasilika entfernt in gerader östlicher Richtung ist eine Kapelle, die der Sage nach schon vor der Kirche bestanden hat; diese Kapelle wurde später überbaut und mit der Basilika in der Weise verbunden, daß dieselbe nun als Krypta, der Ueberbau, der ein Quadrat von 21 Fuß bildet, aber als östliches Sanctuarium der Basilika erscheint. Zwischen den beiden Theilen steht der ebenfalls später erbaute Thurm, dessen unteren Theil der dem Sanctuarium vorgelegte Chor bildet. Dieser Chor und Sanctuarium sind einige Fuß schmäler als das Mittelschiff der Basilika.

Da die alte, nun als Krypta dienende Kapelle nicht tief liegt, so ist das darüber gebaute Sanctuarium und gleich diesem der Chor um 20 Stufen über dem Fußboden der alten Basilika erhöht. Zur Anlegung dieser Stufen wurde der Raum des ehemaligen fünften Arcadenbogenpaares der Basilika verwendet, die Arcaden vermauert, die Seitenschiffe ebenfalls um denselben Raum verkürzt und in der Querlinie, wo die Stufen im Mittelschiff beginnen, durch eine Wand abgeschlossen; weil jedoch mit dieser neuen Einrichtung das alte westliche Sanctuarium wahrscheinlich verlassen wurde, so kehrte man die Altäre in den Seitenschiffen gegen Osten und brachte zu ihrer Aufstellung in den neuen östlichen Querwänden der Seitenschiffe kleine, in die Mauer vertiefte Halbkreisnischen an. Der jenseits dieser Querwände fortlaufende Raum der Seitenschiffe ward zu Sacristeien verwendet. Wann diese Umwandlung geschehen, ist bei dem

Mangel an historischen Nachrichten und charakteristischen Detailformen ungewiß: der gewölbte Chorraum unter dem Thurme spricht für die Uebergangsperiode im 13. Jahrhundert. Im quadratischen Sanctuarium selbst sieht man Spitzbogenfenster der gothischen Periode.

Da, wo die Treppe in den Chor ansteigt, sind zwei Eingänge in die Krypta; ohne Stufen senken sich diese schmalen tonnenförmig überwölbten Gänge 7 Schritt lang gegen Osten abwärts und vereinigen sich in einem querlaufenden 11 Schritt langen Gang, von dessen Mitte aus ein wieder gegen Osten laufender 14 Schritt messender Gang endlich in die Krypta führt.

Diese Krypta, mit einem Altar gothischen Styls, der jedoch im Laufe der Zeit entstellt und der schönsten Zierde zweier Seitenflügel mit altdeutschen Malereien beraubt wurde — ist nur 9 Fuß hoch, besteht aus drei Schiffen mit Tonnengewölbe, in welche Kappen einschneiden, die von vier freistehenden Säulen getragen werden. Die Säulen stehen 5½ Fuß von einander. Der ganze Raum bildet ein regelmäßiges Quadrat von 20 Fuß Durchmesser und wird durch drei Rundbogenfenster erleuchtet. Eine Basis der Säulen ist nicht sichtbar; sie mag durch den erhöhten Erdboden verdeckt sein. Die runden Säulen, 18 Zoll dick, steigen, sich etwas verjüngend, 6 Fuß hoch empor. Die Kapitäle sind roh, verschiedenförmig und eigenthümlich; sie sind mehr mit der Form eines umgestürzten Kegels oder mit einem Keule, als mit einem Würfel zu vergleichen. Aehnliche Kapitäle, nur mit reichem Ornament umkleidet, finden sich im Dom zu Parenzo aus dem 10. Jahrhundert, *) und einem Kapitäl von der Wartburg, **) dann in der Krypta des Münsters zu Konstanz

---

*) Vergleiche: „Mittelalterliche Kunstdenkmale des österreichischen Kaiserstaates." Von Dr. Heider ꝛc. IV. Lieferung, Tafel XIV.

**) Siehe: Puttrichs Darstellung der Entwicklung der Baukunst in den obersächsischen Landen. Tafel VII., 49.

und endlich von derselben rohen Form in der westlichen Krypta des Domes zu Augsburg. Doch sind im lezten Orte die vier Ecke des Kapitäls durch scharfe Kanten ausgeprägt und dadurch mehr der Würfel-Kapitälform ähnlich, was in der Krypta zu Oberzell nur bei den Kapitälen der zwei östlichen Säulen der Fall ist; diese beiden sind hier 20 Zoll hoch und haben gar keine Deckplatte. Die übrigen haben eine viereckige Deckplatte von 3 Zoll Dicke und 22 Zoll Durchmesser, welcher die 1 Fuß hohen Kapitäle in Form eines an den Ecken abgerundeten und unten abgestumpften Kegels zulaufen, von der Rundung der Säule zur Quadratform der Deckplatte die Vermittlung bildend. In diesen Kapitälformen müssen wir entweder eine sehr frühe noch unentwickelte Bildungsperiode, oder einen später eingetretenen Zerfall der Kunstentwickluug auf der Reichenau erkennen; wir glauben das erstere annehmen zu dürfen, zumal wir in den ältesten Theilen der Dome zu Konstanz und Augsburg ähnliche Bildungen erkennen.

Vor wenigen Jahren noch war die Stiftskirche in sehr vernachläßigtem Zustand, jezt ist sie Innen und Außen weiß übertüncht, freilich zur argen Beleidigung des Auges und großer Beeinträchtigung ihres Alters und ihrer Ehrwürdigkeit. Bei dieser Gelegenheit wurden dann die **Wandgemälde**, welche zwar durch Feuchtigkeit und Alter verdorben, an allen Wänden hervorschauten, auch übertüncht, eines der jüngern und besser erhaltenen Gemälde aber ganz enthüllt. Dieses Gemälde schmückte den ganzen obern Theil der großen westlichen Absis. Christus war in seiner Herrlichkeit zur Rechten des Vaters dargestellt, über ihm der heilige Geist und um sie eine zahllose Schaar von Heiligen; weiter unten Christus am Kreuze. Die bei diesen noch theilweise sichtbaren Gemälden vorkommenden architektonischen Ornamente verrathen den Charakter des modernen Styles; die kräftigen, würdigen Figuren des Gemäldes aber deuten auf die alte deutsche Weise;

es mag die Entstehung dieser Gemälde also um das Jahr 1500 angenommen werden.

Das alte Gebäude, welches an die Westseite der Kirche anstößt und dessen Erdgeschoß jetzt eine Art Vorhalle bildet, gehörte einst zu der Zelle, dem Kloster oder den Stifts= gebäuden, die mit der Georgskirche verbunden waren. Das obere Geschoß bildet wohl den Kapitelsaal oder eine Art Chor für die Mönche. In diesen Raum ragte die Halbrundung der Absis hinein, die hier auch außen mit Gemälden ver= ziert war; 2 kleine Fenster in der Absis brachten diesen Saal in die engste Verbindung mit dem Sanctuarium der Kirche. Die Fenster, jetzt zugemauert, haben ein Säulchen in der Mitte, dessen Kapitäl eine Nachbildung des antik= jonischen Kapitäls ist. Die Gemälde im ältesten byzantini= schen Typus ausgeführt, stellen dar: Christus als den Heiland der Welt, die ganze Figur umflossen von einem eiförmigen Nimbus, dann Christus am Kreuze und viele andere kaum mehr erkennbare Heilige.

Im weiten Thurmgebäude hängen 5 Glocken, zum Theil von beträchtlicher Größe und, mit Ausnahme einer, von bedeutendem Alter. Die größte hat in schöner Minus= kel die Inschrift: „O rex gloriae christe veni nobis cum pace," die Jahrzahl 1436 und das Bild des hl. Georg. Drei andere haben ein höheres Alter, wie die ältere Form ihrer Majuskelschrift beweist. Die Inschriften dieser lauten: „O rex gloriae etc.:" „Nos cum prole pia, benedicat Virgo Maria," und St. Lux, St Marx, St Matheus, St. Joannes." Eine derselben hat bei einem Durchmesser von 2½ Fuß eine Höhe von 4 Fuß.

Die Kirche ist ziemlich leer. Von alter Einrichtung sieht man im Ostchor ein schön gothisches Sakramentshäuschen. Ferner ist vorhanden ein Prozessions= oder Kapitelkreuz von Metall; der Christus daran ist mit einem Rock bekleidet, die Füße sind mit 2 Nägeln angeheftet, ganz in alt=byzantini=

scher Form, die Kreuzenden mit Medaillons geschmückt. Dann ein Ostensorium in Form einer gothischen, einfachen Monstranz.

Endlich wird im Pfarrhofe aufbewahrt ein sehr merkwürdiges silbernes Reliquienkästchen mit edlen Steinen geschmückt. Es hat die Form eines Häuschens, ist 7 Zoll lang, 3½ Zoll hoch. Seine Flächen sind durch Säulchen, über welche etwas gedrückte Rundbogen sich spannen, gegliedert. Unter diesen Bogen sind in getriebener Arbeit zehn Büsten von Heiligen, die Häupter mit Nimbus umgeben. Diese Büsten sind sehr edel und schön und haben ganz den römischen Charakter, wie man denselben auf römischen antiken Münzen und Sculpturen sieht. Man hält dieses Kästchen für ein Werk des 4. oder 5. Jahrhunderts. Die dargestellten Heiligen, weil ohne Symbole, sind nicht wohl erkennbar.

Unter andern Reliquien in moderner Fassung rühmt sich die Georgskirche auch das Haupt ihres heiligen Patrons zu besitzen.

Diese Kirche, — seit 1860 mit einer neuen Orgel versehen, — diente anfangs blos zum Gottesdienste für die, die Insel bewohnenden Mönche; dann wurde sie Stiftskirche, an der sechs Chorherren mit einem Propste wohnten, und jetzt ist sie die Pfarrkirche für die den obern Theil der Insel bewohnenden Seelen. Der Anbau außen am Chor östlich, gegen Hegne, ist vom Jahr 1688.

Altäre hat diese Kirche fünf: den Hochaltar im Chor mit dem Bilde Mariens und dem Kirchenpatron St. Georg in der Mitte, dann zur Seite Joachim und Anna; — den Altar der hl. Elisabetha bona auf der rechten oder Weiberseite, — und im Seitenschiffe den Altar der hl. Appolonia; — auf der linken oder Männerseite den Altar des hl. Fides, — und im Seitenschiffe den Altar des hl. Bischofs Nikolaus.

Alle diese Altäre sind ohne Kunstwerth und dem Kirchenstyl nicht im Mindesten entsprechend.

c. Die Kirche St. Peter zu Unterzell. *)

Diese Kirche mit ihren zwei Thürmen liegt auf der nordwestlichen Spitze der Insel.

Sie wurde von dem Bischof Egino (Egnon) von Verona 799 erbaut und geweiht. Er starb auch da und liegt in der Basilika seiner Zelle begraben.

Nach Mabillon war Egino früher Mönch in der Reichenau; im Alter zog er sich dann von seinem Bischofssitze zurück und baute, größerer Einsamkeit wegen, die Cellam inferiorem sammt der Kirche zu Ehren des hl. Petrus und Paulus, welche Kirche man ebenfalls eine Basilika nennt.

Diese Basilika, noch der am besten erhaltene Kirchenbau auf der Insel, ist indeß nicht mehr ganz Egino's Bau, wenn auch Grundmauern und einzelne Theile von demselben erhalten sein mögen. Wir sehen hier überhaupt nicht mehr die Formen der alten römischen, sondern der spätern romanischen Basiliken. Nach ihrer Anlage hat diese Kirche große Aehnlichkeit mit der alten ehrwürdigen Templerkirche in Altenstadt bei Schongau, und mit der in den „Mittheilungen der k. k. Centralcommission zur Erforschung der Baudenkmale in Oesterreich" im ersten Heft des Jahres 1857 abgebildeten Kirche zu Lebeny in Ungarn. Wie dort sind auch drei Schiffe gleich lang, und erheben sich über der Ostung der Seitenschiffe 2 Thürme; nur laden hier die 3 Absiden nicht aus, sondern sind in die Ostwand der Thürme und des Chorschlusses eingetieft.

Als ein späterer Bau in der gegenwärtigen Gestalt hat diese Basilika (wie es damals schon als Regel galt, da der Priester bei der aufgekommenen Gewohnheit, auf den Altartisch selbst verschiedene Gegenstände zu stellen und Altarbauten aufzuführen, nicht mehr hinter dem Altar im Westen gegen Sonnenaufgang und das Volk blickend celebriren

---

*) Siehe: „Beilage zur Augsburger Postzeitung." Nr. 276 vom 6. Dezember 1857.

konnte) — den Chor im Osten. Das Aeußere, leider jezt weiß übertüncht und seiner Ehrwürdigkeit beraubt, ist von guten Verhältnissen; aber schmucklos.

Eine Vorhalle führt zu dem sehr einfachen Westportal. Auf jeder Seite steht in einer Abstufung der Wandecke eine Säule, mit dem in der romanischen Periode allgemein vorkommenden Würfelkapitäl nach unten halbkreisförmig abgerundet, mit nur angedeuteter Deckplatte; die Rundform der Säule sezt sich im Portalbogen als Wulst fort.

Beim Eintritt sehen wir abermals eine Säulenbasilika, die sich über 100' in die Länge und 52' in die Breite erstreckt. 24' ist das mittlere Schiff, 12' das Seitenschiff breit. Die Schiffe werden von acht freistehenden Säulen getragen, die durch Rundbogen von flacher Leibung und 10' Spannweite verbunden werden. Die runden Säulen auf attischer Basis, aus flachem Pfühl (Plinte), und ohne Dazwischentreten eines Kehlgliedes, einen Wulst darüber bestehend, steigen unverjüngt $9\frac{1}{2}'$ empor, und haben 2' Durchmesser. Auf dem Pfühl liegen 4 Ecknollen. Die Kapitäle sind wiederum von verschiedener, theils dem Würfel ähnlicher, theils seltener, ungewöhnlicher Form. Fast alle sind durch einen starken Wulst um die Säule eingeleitet, worüber das meist niedrige, weit ausladende, nur die halbe Höhe seiner Breite messende Kapitäl beginnt, über welchem dann eine viereckige Deckplatte sich befindet. Drei derselben haben die Form eines unregelmäßigen, verkürzten, nach unten abgerundeten Würfels mit scharfen Ecken. Eins hat die Form eines Pfühls, dessen Flächen mit kleinen übereinander gereihten Quadraten (Schachbrettmuster) verziert und der an den vier Ecken und nach oben mit einem gewundenen Bande (Tauverzierung) eingefaßt ist. Ein anderes ist rund, korbförmig, mit starker Ausladung, an den vier Ecken etwas abgekantet, welche Kanten die Form eines Dreiecks bilden und nach oben nochmals mit einem Wulste umfaßt sind. Andere wieder sind roher und haben fast die Form einer umgestürzten Basis mit eigenthümlicher, leistenförmiger Eckgliederung.

Da, wo der Chor beginnt, ruht das lezte Arcadenpaar auf einem viereckigen Wandpilaster, dessen einfache Basis, eine Platte mit abgekanteten Ecken, die Formen der Basen im Dome zu Augsburg hat und auch im Konstanzer Münster an ähnlichen Pilastern sich wieder findet. In der Querlinie, wo der Chor beginnt, schließen die Seitenschiffe mit einer geraden Wand ab. Der 40' lange, wenig erhöhte Chor ist an den Seiten in der ganzen Höhe mit Mauern umfaßt und schließt im Osten mit einer hohen, aber nicht sehr tiefen, also nicht im reinen Halbkreise geformten Absis, die nur in die dicke Wand eingelassen ist und welche jezt ein großes gothisches Fenster erleuchtet. Im abgeschlossenen, nun unbenüzten Theil der Seitenschiffe längs des Chores sind in die starke, östliche Thurmwand ebenfalls kleine 5' tiefe, aber in regelmäßiger Halbkreisform verlaufende Absiden, in denen ehemals Altäre standen, eingelassen; je ein enges, rund überbogtes Fenster ist mitten in diesen Nischen.

Unter den Thürmen vor diesen Altarnischen sind Tonnengewölbe, die einen Raum von 11' Breite und 9' Tiefe überdecken. Zwei Pilaster stehen an den Wänden, da, wo diese Gewölbe sich westwärts gegen die Seitenschiffe öffnen. Diese flachen Pilaster haben eine viel reichere, angenehmere, mehr der Antike nachgebildete Gliederung in Basis und Gesimsen, als man hier und in den benachbarten Kirchen zu schauen bekömmt. Die Wände dieser abgeschlossenen Theile der Seitenschiffe sind ganz mit Wandmalereien in großen Cyclen von Figuren bedeckt.

Ein Fenster von der ursprünglichen Form (die andern sind mit Ausnahme derer in den blinden Altarnischen alle erweitert) ist noch in diesem Raum; es ist bei 4' Höhe nur 1½' breit, rund überwölbt und hat zu bedeutender Weite abgeschrägte Fensterwangen.

Die beiden Thürme, viereckig, mit kurzer Pyramide bedacht und mit grün und braun gebrannten Ziegeln bedeckt — haben im untern Theil rundbogige Fensteröffnungen; die Schalllöcher bilden auf jeder Seite 2 große Spitzbogen durch einen Pfeiler mit abgeflachten Ecken getrennt. Im südlichen Thurme hängen 3 sehr alte Glocken, wie die frühmittelalterliche Majuskelschrift erkennen läßt. Die große von 3½' Durchmesser hat am Kranze, von einer Tauverzierung umfaßt, die Umschrift: „**O rex gloriae Christe veni cum pace und S. Petrus.**" Die zweite von 2' 8" Durchmesser abermals: „**O rex gloriae etc.**;" die kleine: „**Jesus Nasarenus rex Judaeorum.**" Die Glocken im nördlichen Thurm sind ebenfalls sehr alt.

Im Chor, vor dem Hochaltar auf dem Boden, deutet eine neuere Inschrift die Grabstätte des Bischofs Egnon, des Erbauers der Kirche an. In des Abt's Gerberts alemanischen Reisen ist angedeutet, daß man bei einem neuen Kirchenbau die Gebeine Egnons gefunden; dort sind auch seine im Grab gefundenen Schuhe von besonderer Form gezeichnet.

Was von Egnons Bau noch übrig ist, mögen wir nicht entscheiden. Die Arcaden des Langhauses und deren eigenthümliche Kapitälbildung verrathen eine primitive Kunstrichtung, wo man prinzipiell von den antiken Formen sich losgesagt; aber zur Bildung einer eigenthümlichen, originellen und vollendeten Form, wie wir in den spätern romanischen Würfeln und Kelchkapitälen sehen, sich noch nicht erschwungen hatte. Die Ecknolle auf den Plinthen der Basen, die organische Verbindung der Thürme mit dem übrigen Baukörper, dann das Dasein eines eigenen Chorraumes, sowie die bloße Eintiefung der Absiden in die Ostwand, und zugleich das Dasein spitzbogiger Fenster in Absis und Thurm — sprechen jedoch für eine spätere Zeit. Jedenfalls wurden in verschiedenen Perioden Bauveränderungen an dieser Kirche vorgenommen.

Das Grabmal auf dem Boden in dem südwestlichen Eck rechts, hinten bei der Thüre, ist das des Hans Jakob v. Danketschwyl zu Windek, gestorben am 2. Februar 1602, und seiner Frau, geb. v. Menlishofen. Die Wappen beider Familien sind dabei.

Die Herren von Danketschwyl selbst waren Reichenau'sche Lehenleute und bewohnten als solche das nahe gelegene Schlößchen Windek; sie hatten auch Rielasingen vom Kloster zu Lehen und besaßen Worblingen. So z. B. leiht Achilles v. Danketschwyl, Herr zu Worblingen 1611 der Gemeinde Rielasingen (welche ihn ihren Junker nennt) 300 fl. — Ein Burkard Junker v. Danketschwyl war 1552 Vogt zu Bohlingen (Bollingen), u. s. w.

An der linken Seitenthüre, bei der Kanzel befindet sich das Grabmal des Canonikus Johann Roming Vice-General und Dr. Juris, † 27. November 1542.

Das Grabmal des hl. Egino oder Egnon ist wie gesagt, auf dem Boden vor dem Hochaltar im Chor. Sein Gemälde hängt links davon (Evangelienseite) oberhalb an der Chorwand.

Im rechten (westlichen) Glockenthurm soll Egino seine erste Zelle gehabt haben. Noch sieht man darin Ueberreste von alten Gemälden.

Sehenswerth ist der Taufstein bei der linken Seitenthüre. Altäre sind in dieser Kirche vier: der Hochaltar (Peter und Paul), der Dreifaltigkeitsaltar zur rechten Seite und der Petronellenaltar zur linken Seite. Der s. g. Pfarraltar befindet sich unter dem großen Kreuz am Chorschluß, zwischen den beiden Seitenaltären.

Am 28. August 1857 schlug der Blitz (von Westen kommend) Mittags 2 Uhr in den nördlichen (nach Allensbach zu gelegenen) Kirchthurm ein und verbrannte die untere Schwelle des Glockenstuhls. Der Strahl kam an die Uhr, zersplitterte den Wellbaum am großen Schlagwerk, gieng von da ans Viertelwerk und zerriß den Draht; dann drang er in den westlichen kleinen Thurm, so genannt, weil darin die kleinen Glocken hangen, und zerbröckelte auch da den untern Draht zur Glocke. Der Uhr selbst that er weiter nichts.

Im Schiff hängen die zwölf Apostel gemalt.

———

Abgebrochen sind:

1. St. Johann, ehemalige Pfarrkirche von Mittelzell, die von Abt Ekkehard 988 erbaut wurde. Sie stand östlich von dem Bibliothek=Gebäude, da, wo jetzt der Fried= und Kirchhof ist. Auch diese Kirche war ein schönes Werk der Baukunst, dreischiffig und wie das Münster mit einem dicken festen Thurm versehen.

Diese Pfarrei wurde 1809 aufgehoben und die Kirche 1812 abgebrochen; das Pfarrhaus dagegen an der Ergat und an der Straße nach Konstanz, ein zweistöckiges Wohn= haus mit Weintrotte, 2 Kellern, Stallung und Holzremise. — Alles unter einem Dache und von einer Mauer umschlossen, — nebst dazu gehörigem Garten, 1½ Jauchert Reben und 1 Waschhaus von großh. badisch. Domänenverwaltung zu Konstanz am 17. August 1832 verkauft. Es gehört jetzt dem Handelsmann J. Baptist Huber.

2. St. Pelagi, (Erasmus) welche Kirche Abt Witte= gow 985 fundirte und Bischof Werner von Konstanz 1209 mit Chorherren versah. Sie stand in der Nähe (westlich) von der Krone, hinter der Pfalz. Der Abbruch geschah 1838. *)

3. St. Adalbert (Kreuzkirche) auf der Ergat, beim Lamm, wurde 1832 abgebrochen.

———

*) Erasmus hieß die Kirche ursprünglich. Nach Aufhebung des Chorherrenstifts (um 1650) wurde sie vergrößert und erhielt als Pfarrkirche den Namen Pelagi. In ihrer Stelle hat jetzt der Kronenwirth einen Weingarten.

Ferner sind abgebrochen:
4. Die Kapelle St. Bartholomäus,
5. "   "   " Meinrad,
6. "   "   " Kilian,
7. "   "   " Pirminius,
8. "   "   " Januarius.
9. "   "   " Laurenz.
10. "   "   " St. Erasmus und Herakleus.

{im Hofraum und im Klostergarten.

11. Die kleine Kirche St. Gotthard, unterhalb dem Königsegger-Schlößchen, gegen Westen, auf der Rheinseite. Dieses Kirchlein hatte davon seinen Ursprung:

Zwei Brüder von Landenberg zu Salenstein wollten von einer Reise aus Italien in ihre Heimath zurück. Sie kamen auf den Gotthardsberg und da wurden sie von heftigen Schneegestöber überfallen. Immer stärker fiel der Schnee. Sie verloren alle Spur des Wegs und zulezt wurden sie so eingeschneit, daß sie weder rück= noch vorwärts konnten. In der Todesgefahr thaten sie das Gelübbe, wenn sie vom Himmel errettet würden, wollten sie ihm zu Dank eine Kapelle bauen. Es hörte zu schneien auf. Neue Kräfte traten in ihre Glieder, und glücklich kamen sie vom Berge herab und in ihrer Heimath an. Angelangt auf Salenstein erfüllten sie ihr Gelübde. Sie fuhren herüber auf die Reichenau und stifteten zum Gedächtniß an jene ihre Gefahr, am s. g. Rain das Kirchlein, dem sie den Namen Gotthard gaben. Lange stand das Kirchlein; als es mit der Zeit zerfiel und abgebrochen wurde, vertrat ein Bildstöckchen seine Stelle. Auch dieses verschwand zulezt; das Gewann aber behielt bis jezt den Namen Gotthard. Auch existirt das Pfarrhaus noch in seinen Grundmauern. Die Wittwe des Daniel Deggelmann hat darauf ihr Haus.

Die Kapellen Cosmas und Damian und vom hl. Kreuze ließ Abt Friedrich und die Kapelle St. Nikolaus der Abt Johann Pfuser abbrechen.

§. 3.

Sonstige weltliche Gebäude.

a. Burgen und Schlösser.

Solche sind:

1. Schopfeln.

Schopeln, Schopfeln (Scopula), am Eingang zur Insel (von Konstanz her), ganz im Osten des Eilandes, das jezt von hier aus durch einen langen fahrbaren Steindamm mit dem festen Land verbunden ist. — Eine zerstörte Burg, deren Anlage von Einigen den Römern zugeschrieben wird, während Andere sie für ein ehemaliges kaiserliches Palatium halten. Jedenfalls ist das Schloß uralt; denn 1056 saß hier Bischof Gebhard von Regensburg wegen beleidigter Majestät in Haft; *) auch mochte es der erste Sitz der Aebte von Reichenau gewesen sein. Man hält überhaupt diesen Theil der Insel für künstlich und glaubt, daß das Schloß selbst auf Pfeilern ruhe. Viele Urkunden wurden von Aebten daselbst ausgefertigt, wie z. B. von Abt Albrecht v. Ramstein 1267 die Freiheit der Stadt Radolfszell. Es diente namentlich zur Bewachung des Eingangs. Nachher sollen eigene Ritter darauf gehaust haben. Gallus Ohem z. B. sagt: „Es ist ein Red, daß Ritter darauf gesessen, die nach St. Jörg in die Kirche giengen. Ich selbst habe einen Schild (Wappen) gefunden, welcher den Namen Schoppula, Soffla (Scopula) führte." Vielleicht war sie auch Zufluchtsort der Aebte im Fall der Noth, da sie nicht nur eine lustige, sondern auch eine wehrhafte und feste Burg gewesen war. Ob sie vor 1312 zerstört wurde oder zerfiel, ist unbekannt; gewiß aber ist, daß Abt Diethelm sie 1312 wieder herstellen ließ. Als die v. Brandis auf der Au regierten, — geht die Sage —

---

*) Gustav Schwab (Bodensee I. S. 162) u. Andere geben die Haft des Bischofs „in Stofola" Hohenstoffeln im Hegau an.

sollen von hier aus nach Agestenbach hinüber unterm See Ketten gelangt haben, um beliebig Schiffe auf und anzu=
halten. *) Endlich 1370 wurde sie von den Konstanzern zerstört, weil dieselben Konstanzer Fischer, die ihre Grenzen überschritten und die Netze in Reichenauischem Gebiete des See's auswarfen, blenden ließen. **) Seitdem ist die Burg Ruine und mochte es darum auch geblieben sein, weil die Eidgenossen keine Befestigungen auf der Insel duldeten. Die massiven Mauern der zertrümmerten Veste sind — wie die Keller und Grundmauern vieler Häuser der Insel — von unbehauenen Feldsteinen (Findlingen) gefügt und durch festen Mörtel untrennbar verbunden. Auf der westlichen Seite ist das Mauerwerk durchbrochen und hat bedeutende Risse, was noch von der Zeit der Zerstörung herrühren mag. Von Süden her ist ein kleiner Eingang in das Innere, in dem jezt ein Gärtchen sich befindet.

An dem dabei befindlichen Bauernhaus an der Haus= Thüre, rechts, ist auf einem schwarz gefärbten Blech die Wasser= höhe verschiedener Zeiten angegeben. Am höchsten steht Juli 1817, dann folgen Juli 1566, Juli 1511, August 1821, Juli 1770, und als die niedrigsten Wasserstände Juli 1790, 1789.

2. Windeck oder Bürgle.

Windeck, das s. g. Bürgle, ist ein Schlößchen auf Niederzell im nordwestl. Theil der Insel. Die Aebte sollen es für Schopfeln und als Lusthaus (Vergnügungsort) erbaut haben, indem man von hier aus eine herrliche Aussicht auf das Hegau, Thurgau und herüber nach Hegne hat; es gieng

---

*) Igestenbach (zwischen Triboldingen und Ermatingen) war anfangs ein Bruderhaus der Mönche auf Reichenau, welche es dann an das Kloster Petershausen verkauften. Dieses machte ein Landgut daraus und im Jahr 1644 verkaufte Abt Wilhelm von Petershausen das Gut mit der Hauskapelle (die noch besteht) an das Jesuiten-Collegium in Konstanz um 4200 fl.

**) Siehe Geschichte der Insel und des Klosters Reichenau §. 26.

jedoch bald an Dienſtmänner des Kloſter als Lehen über. Um 1590 beſaßen es die Herren v. Danketſchwyl; denn am 2. Jenner 1592 wird bem Hans Jakob von Danketſchwyl zur Windekh in der Reichenau von ſeinem Vetter und Schwager Georg Friedrich v. Hersperg und Kunigunde, geb. v. Stein ein Gut zu Berg in der Landvogtei Schwaben mit Haus, Torkel, Scheuern, Baum- und Rebgarten, Aeckern, Feld u. a. m. um 1100 fl. zu kaufen gegeben. *) — Nachher kam Windeck an die Familie Gremlich, und Chriſtof Gremlich verkaufte das Schlößchen Windeck ſammt Zugehör 1629 für baar 3000 fl. wieder an das Kloſter Reichenau. **) Dieſes ließ alsdann das Schlößchen renoviren und mit einer Mauer umgeben. Die Renovation, gleichſam Neubau, geſchah 1667 wie die Jahrzahl über der Hausthüre und bei einem Kamin im 2. Stock vornen neben der Stubenthüre ausweist. Jezt war das Schlößchen wieder Erholungsort der Kloſterherren, und manche vergnügte Stunden mögen in ſeinen Räumen verbracht worden ſein. —

Das ganze Schlößchen beſteht aus 3 Stockwerken. Im untern, 1. Stock ſind 2 Zimmer, eine Geſindſtube, Küche und eine ehemalige Kapelle (ganz im öſtlichen Eck); im 2. Stock ſieben Zimmer und etliche Kammern, und im drittoberſten Stock 1 Saal und 5 Zimmer. Dann hat das Gebäude noch einen geräumigen gewölbten Weinkeller und neben daran einen Gemüſekeller.

Mit Aufhebung des Fürſtenthums Konſtanz und Uebergang der Reichenau an das Haus Baden wurde Windeck ärariſch und von der Domänenverwaltung Konſtanz im Jahr 1817 verkauft. Der Käufer war Karl Hahnemann zu Konſtanz; er beſaß es jedoch nur zwei Jahre, denn 1819

---

*) Ein Burkard v. Danketſchwyl beſaß auch mit Dietrich v. Homburg und Hans von Hundwyl das Dorf Hauſen an der Ach, welches die Stadt Radolfzell 1545 von ihnen kaufte.

**) Die Familie Gremlich beſaß um 1547 auch das Schloß und die Herrſchaft Galenſtein.

verkaufte er es an den Schiffbaumeister Mathias Beck in Reichenau, dessen Erben noch im Besitz des Schlößchens sind.*)

Jezt ist es freilich sehr verwahrlost. Es wohnen Mieth=leute darin und die Umfangmauer ist theilweise abgebrochen.

Für eine kleine Herrschaft wäre das Schlößchen bei einer Renovation ein schöner Sitz. Mann könnte Gärten, An=lagen ꝛc. darum herstellen, was den Aufenthalt bei seiner Lage noch weit schöner und angenehmer machen würde.

Ob es den Namen Windeck von seiner Lage oder nach denen v. Windeck im Gaster (Canton St. Gallen) wie man glaubt, erhalten habe, kann nicht angegeben werden.

3. Rauh=Hof

oder der rauhe Hof, in Mittelzell, (von seinem frühern rauhen Boden so genannt) — ist ebenfalls alt. Schon 1567 kaufte Balthasar Mayer vom hl. Geist=Orden zu Rhom das schloßähnliche Gebäude. Eine Inschrift mit Wappen befindet sich aus dieser Zeit im linken Eck des Hausgangs nach Westen. Nach Aufhebung des Klosters kaufte es Anton v. Hettlinger aus dem Flecken Schwyz und von dessen Erben oder viel=mehr von der Familie Stader in der Reichenau gieng das Besiztthum durch Kauf 1850 an die pensionirten Klosterfrauen von Münsterlingen über.

Gegenwärtig wird es noch von der Frau Aebtissin Maria Nikola Huber und 4 Frauen bewohnt. Beim Einzug waren es 9 dieser Frauen (4 davon starben). Dieselben nahmen dann große Bauveränderungen im Innern des Hauses vor. Auch ließen sie aus zwei kleinen Kellerchen (Aschenbehältern) zu ebner Erde, neben dem Gang, obigem Wappen gegenüber eine Kapelle mit einem Altar und 4 Betstühlen errichten und verschönerten den Garten um das Haus. Garten, Anlagen und Wiesen betragen im Ganzen 6 Vierling.

---

*) Der jetzige Besitzer ist der Schiffbaumeister Konrad Welte, der Windeck durch seine Frau, Therese Beck ererbte.

Das Gebäude selbst ist länglich, hat mehrere Gibel und ist von Außen und Innen jezt recht hübsch. Man heißt es nun das **Münsterlinger-Schlößchen**.

4. Das Königsecker-Schlößchen.

Dieses liegt unweit von jenem, südlich und ist leicht zu kennen: denn der viereckige Bau hat 4 Rundellen (in jedem Eck ein rundes Thürmchen). Das Gebäude selbst ist dreistöckig, geschmackvoll eingerichtet und hat sehr gute Keller. Ein neuer Keller wurde neben dem Schlößchen 1834 gebaut; in diesen westlichen Keller führt unter dem Boden aus dem alten Keller eine Dohle. Das ganze Gut besteht aus 6 Morgen Wiesen, Ackerfeld, Reben und Gärten, und ist nach Osten mit einer Mauer, das Uebrige von einem eichenen Schienen-Haag umgeben, welchen Verschluß man den Königsecker Einfang nennt.

Den Namen hat das Schlößchen von seinen ehemaligen Besitzern, den Freiherren und nachmaligen Grafen von Königs-egg (Königseck) erhalten, von denen mehrere Domherren zu Konstanz und Chorherren zu Reichenau waren. Von dieser Familie kaufte es Bischof Johannes VII. von Konstanz für die Chorherren zu Beuron im Donauthale, daher es auch das **Beuroner-Schlößchen** hieß. Diese ließen das baufällige Schlößchen renoviren, das damals noch aus 2 Stockwerken bestand. Nachdem die Reichenau an Baden fiel und das Kloster Beuron selbst aufgehoben war, wurde es vom Aerar verkauft. Es kam an einen gewissen Leontius Roner aus der Schweiz. Dieser verkaufte es an den Regierungs-rath Jakob Dopfer zu Sigmaringen und Dopfer verkaufte es an den Kaufmann Gottlieb Friedrich Deichmann in Ulm. Deichmann ließ alsdann (1843) das Schlößchen um ein Stockwerk erhöhen, gänzlich renoviren und schön einrichten und bewohnte es jährlich zur Sommerszeit. Jezt gehört es seinen Erben und wird seitdem das **Deichmann'sche Schlößchen** genannt.

5. Das Honsell'sche Gut.

Ein ebenfalls hübsches Haus und Gut, das im sogenannten Postmartins-Gewann, am See, unweit südlich von Deichmanns-Schlößchen, bei der Schifffahrt nach Mannenbach liegt. Da soll der hl. Pirminius — als er von Sandeck herüber fuhr — gelandet haben. An der Stelle, wo sein Bischofsstab die Erde berührte, entsprang wunderbarer Weise eine Quelle. Sie besteht noch heute und wurde lange Zeit vom Volk gegen Fluß (Rheumatismus) angewandt. Später ließ die Familie Barzel in Konstanz, welche ein Rebgut mit Haus hier hatte, an der Quelle die Statue des Heiligen aufstellen. Dieses Haus und Gut wurde 1797 von Obervogt Mathäus Honsell in Reichenau gekauft. Nun verlängerte Honsell das Haus bis an den See, wo alsbaun der Pirminius-Brunnen in das Gebäude kam; er ist gefaßt und befindet sich im nördlichen Eck des s. g. Wasserkellers, welchen Namen der Keller wegen dem Brunnen erhielt. Der Weinkeller liegt von jenem aufwärts. Sonst sind beide Keller trocken und selbst beim höchsten Wasserstand (1817) traf man keine Spur von Wasser darin an. — Das Gebäude selbst ist zweistöckig und enthält 9 Zimmer. Die Oekonomie-Gebäude sind nebenan. — Das Gut besteht, seitdem die Aecker, Wiesen und theilweise die Reben verkauft wurden, noch in Anlagen, Gärten und etwas Reben um das Gebäude herum.

Der jetzige Besitzer dieses herrlich gelegenen Lufthauses und Landgutes ist: Herr Hofgerichtsrath Karl Honsell in Konstanz.

6. Das Wittlinger'sche Schlößchen.

Dieses Gut liegt von jenem unweit am See aufwärts nach Osten. Das Schlößchen hatte ehemals das Aussehen wie das über dem See, im Thurgau gelegene Schloß Salenstein und gehörte dem hl. Geist-Spital in Memmingen. Von diesem kaufte es Abt Augustin von Kreuzlingen am 3. April 1680 für sein Gotteshaus an. Zum Schlößchen gehörten damals 1 Hofstatt, Torkel und 84 Mannsgrab Reben (10 Mannsgrab = 1 Morgen). Jezt hieß es das Kreuz=linger=Gut. Nach dem Anfall der Insel Reichenau an Baden wurde das Gut von dem Hofrath Johann Willibald v. Seyfried aus Salem gekauft und dieser ließ das alterthüm=liche Gebäude gänzlich verändern. Das Gebäude erhielt den neuern Baustyl, wurde verlängert und durch zwei Flügel er=weitert. Auch errichtete v. Seyfried 1838 auf der Hochwart das Belvedere und wendete überhaupt alles mögliche an, um sein Gut der Lage gemäß auszustatten. In diesem Zustand traf es Herr Christian Wittlinger an und wurde so dafür eingenommen, daß er es dem Herrn v. Seyfried mit dem Belvedere und allem Zugehör unterm 16. Oktober 1849 abkaufte. Es ist aber auch so schön dahier, die Lage so herrlich, die Aussicht so wundervoll, die Luft so milde. Wer ein Freund der Natur ist, findet nicht bald einen schönern Sitz. Besonders wenn die Sonne ihre Strahlen darauf wirft, ist es eine Wonne, dahier zu weilen; der üppige Rasen ladet zur Ruhe ein, das Reblaub flüstert so heimlich, die gegen=über liegenden Burgen und Schlösser blicken dann mit einem gewissen Ernst über den See und aus Busch und Baum er=schallt der Vögel tausendstimmiges Lied. — Das Schlößchen selbst besteht aus 1 Saal, 8 Zimmern, guten und geräumi=gen Kellern, 1 Weintrotte und ist von den nöthigen Oeko=nomiegebäuden umgeben. Ein schöner Garten zieht bis an den See, der durch eine gut erhaltene Mauer geschüzt ist. Das ganze Gut hat 5 Morgen Wiesen, 5 Morgen Weinberg und 2 Morgen Ackerfeld, Gärten und Anlagen. Seit neuester Zeit hat Herr Wittlinger auch Maulbeerbaum=Anlagen her=stellen lassen, die ebenfalls gut gedeihen. Das Schlößchen liegt im Süden der Insel dem Arenenberg gegenüber.

7. Der Razenrieder Hof

ist aufwärts nordöstlich von Honsells Gut auf der westlichen Seite der Insel an der Rheinstraße, gegen Wittlinger, und gehörte ehedem den Herren v. Razenried. Das gleichnamige Pfarrdorf liegt im Württembergischen, an der Argen. Nach Aussterben des Geschlechts wurde der Hof mit seinen Zugehörden ein Reichenauisches Klostergut und der Familie v. Hundbiß (Huntpiß), welche auch das razenried'sche Wappen — eine Sonne — annahm, zur Wohnung und Benützung überwiesen. *)

Der Sohn Friedrichs oder Frickens Hundbiß errichtete nämlich die weiße Linie oder die v. Razenriedt; denn er kaufte 1480 von Veit v. Sirgen (Sirgenstein) das Schloß Razenried und schrieb sich anfangs Hundpiß v. Razenried; nachher ließ er den Namen Hundpiß fahren und fügte seinen weißen Hunden eine Sonne, das Wappen des abgestorbenen Geschlechts v. Razenried bei. Von seiner Nachkommenschaft starb Jodokus Ludwig v. Razenried, Erbkämmerer des Bisthums Konstanz, 1611. Seine Linie hatte er mit männlichen Erben fortgesezt. Ein weiterer Nachkomme war Joh. Anton Freiherr v. Razenried, der schwäbischen Reichsritterschaft Direktorialritter, Rath und Ausschuß. Anno 1729.

Die andere Linie ist die schwarze oder die v. Waltrams (eigentlich Walterhams, ein Dorf und Schloß in der Zehnt der ehemaligen Grafschaft Bregenz), welche durch Eitel Hundpiß entstand.

1750 war J. Ph. v. Razenriedt Obervogt zu Reichenau. Nach Aufhebung des Klosters wurde das alte Gebäude (1816) sammt den Gütern zu 3 Morgen Reben verkauft. Der Käufer war Sebastian Sauter, Hirschenwirth auf Reichenau, und jezt gehört das Gebäude seinen Söhnen Sebastian und Rupert Sauter, welche das Haus bewohnen. In den Kellern sind noch Ueberreste vom alten Bau (mit Findlingsmauern) zu

---

*) Das Wappen der noch blühenden freiherrlichen Familie v. Hundbiß — welche zu den ältesten welfischen Ministerialen gehörte — sieht man heute noch in Ravensburg an dem Erker ihres Hauses in der Marktgasse mit der Jahreszahl 1109 in Stein gehauen.

sehen. Das Gebäude ist leicht kennbar; es hat zu oberst an beiden Enden des Walm je ein eisernes Doppelkreuz.

8. Der Schmiedsfeld'sche Hof.

Die v. Schmiedsfeld oder Schmidtsfeld sollen ehemals Dienstleute des Klosters gewesen sein. Das Haus ist jetzt die Wohnung des Gemeinderaths Blum in Oberzell. Es liegt an der Hauptstraße, südlich, der Pfarrkirche St. Jörg gegenüber und zeichnet sich durch seine Höhe und alte Bauart aus. Es wurde 1831 für 3700 fl. an Blum verkauft.

9. Das Mohr'sche Haus.

Dieses interessante Gebäude in Oberzell, westlich von der Pfarrkirche, soll einst der Patrizier-Familie Mohr aus Schaffhausen gehört haben, von denen ein Glied hieher gezogen war. Der Rittersaal im obern Stock ist leider ganz verbaut. Der jetzige Besitzer ist Rudolf Mohr. Ob ein Abkömmling des alten Besitzers, ist unbekannt. — Das Gebäude ist eins der ältesten auf der ganzen Insel. — Um 1796 war ein Karl v. Mohr fürstlich schwarzenberg'scher Regierungs- und Kammerrath zu Thiengen im Kleggau, und ein anderer v. Mohr Apotheker in der Reichsstadt Wangen.

b. Andere interessante Gebäude.

1. **Das alte Rathhaus auf der Ergat**, jetzt Wohnhaus der Marx Wehrle Wittwe. Ein zweistöckiges Gebäude; der obere Stock mit einem Vorbau. Im ehemaligen Rathssaal ist ein großer eiserner Ofen mit dem hl. Pirmin. Das Haus ist jetzt im Innern ganz verbaut.

2. **Das Haus der Josef Becks Kinder an der Fahr nach Mannenbach.** Hier im Keller befindet sich ein viereckiger Behälter (4 Schuh breit und 8 Schuh hoch) mit 2½ Schuh dicken Mauern. Man heißt ihn den Ron=

nenthurm, und es war hier einst ein Nonnenkloster. Der Ueberrest im Keller ist der untere Theil des Kirchenthurmes.*)

3. Der Rasthof (jezt Mathias Staber) in Mittelzell. Er kommt schon frühe vor; denn am nächsten Sonntag vor St. Thomastag des hl. Zwölfboten 1418 wird von Frik Wismann, genannt Guldinfuß, Burger zu Dießenhofen, ein Gut in der Ow gelegen, genannt des von Rast Gut, mit Haus, Hof, Weingarten, Trotten, Einfang, Wun und Waid — an Jäkle Serren, den alten, in der Ow um 100 Pfund Pfenninge Costenzer Währung verkauft, wie eine Urkunde im Stadtarchiv zu Konstanz aufweist.

Dieser Hof liegt gerade ob dem Bauernhorn. Das Haus war viel höher. Jezt ist es ganz verändert. Zuvor soll auch dieser Bau ein Frauenkloster gewesen sein.

4. Allawinden, südlich von Rasthof. Der Fürst Maximilian (v. Roth) ließ das lange Gebäude für die zwei Rebmannsfamilien des Schlaitheimer Weingartens aufbauen.

5. Das Haus des Benedikt Okle im Gotthard. Auch dieses Haus hält man für den Ueberrest eines alten Frauenklosters. Man sieht noch gewaltig dicke Mauern mit kleinen Fensterlöchern darin.

6. Auch das Haus des Konrad Ruf in Mittelzell, weist noch sehr dicke Kieselstein-Mauern im Keller auf. Von da rechts und links (bis gegen die Krone) zieht der Schlaitheimer.

7. Das Haus der Wittwe des Jos. Anton Deggelmann; ebenfalls ein Frauenkloster?

---

*) Schon um 1073, vorzüglich aber um 1230 war nämlich überall in Deutschland eine auffallende Sehnsucht nach dem klösterlichen Leben, besonders bei dem weiblichen Geschlechte, das bei dem schrecklichen Zustande der Länder durch die Kriege zwischen Kaiser und Päpsten und ihre gegenseitigen Verwünschungen ꝛc. nichts anders erwartete, als das Ende der Welt. Wo eine fromme Matrone hin kam, um sich der Einsamkeit zu widmen, gesellten sich gleich Mehrere zu ihr; so mochte es gekommen sein, daß auch auf der Reichenau mit Genehmigung des Abts einige Frauenklöster entstanden, indem sie da ungestört Gott dienen und der Frömmigkeit sich hingeben konnten.

8. Das Haus der Viktoria Staber in Oberzell deßgleichen. Das Kloster wurde abgebrochen und der Thurmrest in eine Wohnung umgeschaffen.

§. 4.
Das Klostergebäude und die Pfalz ꝛc.

a. Das Klostergebäude.

Dieses bestand aus 3 Flügeln und bildete mit dem Münster einschließlich ein Viereck. Im ersten, östlichen Flügel war das alte Convent, das Museum, die Schulen und das Musikalienzimmer und im 2. Stock Mönchszellen. Dieser Flügel, dessen unterer Stock jezt leer und im 2. Stock die Pfarrwohnung ist, stoßt an die Kirche und steht mit dem Münster in Verbindung.

Im zweiten, südlichen Flügel waren unten das neue Convent (jezt Schulzimmer für die obere Klasse), die Conventküche (jezt Schulzimmer für die untere Klasse) und das Administrationszimmer (jezt Local der Gemeindeverwaltung) und oben wieder Mönchszellen (jezt die Wohnungen der Lehrer). — Im dritten, westlichen Flügel, welcher ebenfalls an die Kirche stieß und mit dem Münster in Verbindung stand, waren unten das Theater und das Garderobezimmer (zusammen jezt der Bürgersaal) und einige andere dazu gehörige Locale, und oben wieder Mönchszellen. In diesem Theil war nachmals die Fürstenwohnung für den Fall der Fürstbischof von Meersburg hieher kam. Sie ist jezt abgebrochen. Das Uebrige des Klosterbau's, das jezt zu Schul- und Gemeindezwecken benüzt wird, wurde 1838 von der Gemeinde angekauft. *)

---

*) Da, wo das alte Kloster stand (nördlich von dem Münster) wovon man noch Ueberreste sieht, wohnten, nachdem Bischof Jugger 1606 das neue Kloster bauen ließ, (in

Im Klosterhof — innerhalb des Vierecks — war der Kreuzbrunnen, jetzt ruinirt, und im Kloster- jetzt Pfarrgarten der Pirminius-Brunnen.

Die amtliche Kanzlei war unterhalb der Kirche, in dem großen Gebäude, gegen den See hinab. Im Jahr 1819 wurde es das Rathhaus und seit 1840 das Armenhaus.

Die Herrenhöfe (Beamtenwohnungen) lagen dem Münster gegenüber, am Münsterplatz; sie wurden später verkauft und gehören jetzt Privaten. In einem derselben, mit dem Erker, soll der Obervogt Andreas Waibel, der 1612 Bürgermeister der Reichsstadt Ueberlingen wurde, gewohnt haben.

Das Bibliothekgebäude, welches aus zwei großen Sälen bestand, die durch eine Wendeltreppe mit einander verbunden waren, wurde durch Kunstgärtner Johann Grießer 1812 vom Aerar um 1100 fl. gekauft, zu Wohnungen hergerichtet und ist jetzt das Gasthaus zur Krone.

b. Die Pfalz

stand westlich von dem Bibliothekgebäude und an sie stieß die Kapelle des hl. Erasmus. Sie war ein hoher, zweistöckiger, massiver, stattlicher Bau, der 1312 von Abt Diethelm als Abtswohnung aufgeführt und öfters renovirt wurde. Das Gebäude enthielt einen großen, bei 20 Fuß hohen Saal, (Rittersaal), viele Zimmer und sehr schöne gewölbte Keller. Davor befand sich ein großer Hofraum mit einem hübschen Brunnen und um den Hof herum, wie hinterhalb, standen mehre

---

den bessern Räumen Klosterhandwerksleute; jetzt werden diese Räume von Fischermeister Andreas Koch und Schlossermeister Baptist Deggelmann bewohnt.

Dann stand vor dem Bibliothekgebäude gegen die St. Pelagi-Kirche ein großes hohes Thor, das s. g. Markusthor, welches man jeden Abend zumachte, wodurch von dieser Seite her, die Burg (der Pfalzbezirk) geschlossen wurde.

Den Platz, wohin der Weg vom Kanzleigebäude herab an den See geht, und wo die Abfahrt nebst Landungsplatz der Klosterherren war, hieß man die Herrenbrücke.

Nebenbauten: der Marstall, Wagenschopfen, Holzremise, zwei Weintrotten mit drei Trucken und einige Kammern 2c., welches Alles von einer hohen Mauer umgeben war.

Dieses herrliche Bauwerk, das eine Zierde der Insel war, wurde leider vom Aerar (1822—1825) abgebrochen, und der Platz verebnet und verkauft. Jezt ist keine Spur mehr davon zu sehen. Reben sind an seiner Stelle.

Und dieses Gebäude, wie viele kaiserliche, königliche und andere hohe Gäste wohnten darin! —

Auch enthielt es das Pfalzgericht, die oberste Behörde, an welche alle Appellationen giengen, sich besonders aber mit dem Lehenwesen befaßte. Man hieß es auch „zulaufendes Gericht." Nach einer Urkunde im Stadtarchive Konstanz überweist nämlich König Albrecht II. am Mittwoch nach hl. Kreuzerfindung 1439 wegen überladenen Geschäften eine Streitsache zwischen Burgermeister und Rath zu Radolfszell einerseits und Abt Friedrich zu Reichenau in seinem Pfalzgericht, genannt ein zulaufendes Gericht *) anderseits — etliche Güter des Hans Maber von Allensbach betreffend — zur Entscheidung an Burgermeister und Rath zu Costenz.

Nach Aufhebung des Klosters wohnte der jeweilige Obervogt der Reichenau darin.

§. 5.

Das Froschlehen und Pfenniglehen.

Das Froschlehen stammt aus den Zeiten, wo das Kloster zu seinen vielen Fast- und Festtagen als Fischbehälter mehre Weier halten mußte. Ein solcher Teich oder Weier befand sich ganz nahe beim Kloster. — Nun war damals das Kloster einen großen Fürstenhofe ähnlich, wo täglich hohe Herrschaften eintrafen und abgiengen; oft kehrten selbst die

---

*) So heißt es ausdrücklich in der Urkunde.

deutschen Herrscher und ihre Gesandten oder päpstliche Legaten zum Besuche ein. Im Teiche war es sehr lebhaft; die Frösche quakten und quakten, unbekümmert, ob Kaiser, Könige, Fürsten, Legaten da waren oder nicht. Um den hohen Gästen einen ruhigen Schlaf zu gönnen, wurde daher ein Lehen errichtet und dem Lehenmanne gegen Verleihung von Haus und Garten aufgetragen, bei Besuchen und so oft das Kloster es verlange, den Quakern zur Herstellung der Ruhe mit einer langen Stange auf die Köpfe zu schlagen. Diesem mußte der Lehenträger zufolge Leheneids und Briefs entsprechen. Das Lehen selbst bestand bis auf die neueste Zeit. Der Froschlehenbesitzer hatte das Gut Rosenstauben mit Umgebung (auf der nördlichen Seite der Insel unweit vom Kloster an der Hauptstraße) zum Genuß. Nach Aufhebung des Klosters wurde dann das Lehen in eine jährliche Abgabe von 6 fl. umgewandelt und der Canon (Last) zulezt im Jahr 1830 abgelöst. Jezt besizt Herr Melchior Honsell, Bürgermeister von Reichenau, das Hofgut Rosenstauben als Eigenthum. *)

Ein anderes Lehen war das Pfenniglehen zu Allensbach. Dieser Lehenbesitzer — ebenfalls mit Haus und Feld belehnt — hatte zur Obliegenheit, die Witterung mochte sein wie sie wollte, auf Mariä Himmelfahrtfest (15. August) an einem bezeichneten Plaze in dem Münster in Festgewande mit schwarzem Mantel und mit dem Degen an der Seite zu erscheinen, und einen Costanzer Beckenpfennig auf den Altar zu opfern. Dafür bekam er nach dem Gottesdienst extra noch eine Mahlzeit mit zwei Maß Wein.

§. 6.

Die Fischerei.

Ein großes Recht der Aebte schon seit ältesten Zeiten war die Schuz- und Schirmherrlichkeit, sowie das Recht

---

*) Das Geschlecht Honsel kommt in alten Offnungsbüchern schon 1628 auf der Insel vor.

auf dem Rhein und Untersee zu büßen. Sie trugen dieses Recht von Kaiser und Reich zu Lehen und handhabten es mit Strenge, bisweilen sogar zum Uebermaß, so daß blutige Fehden daraus entstanden. *) Die Orte, die zum Umfang dieses Fischereibezirks gehörten, waren: Konstanz, Radolfszell, Reichenau, Markelfingen, Allensbach, Steckborn, Ermatingen, Gottlieben, Bernang (Berlingen), Eschenz, Dehningen und Stiegen, Wangen, Marbach, Gaienhofen, Mammern und Neuenburg, Mannenbach, Triboltingen, Feldbach und Hennenhofen, Hornstaab, Itznang und Moos. Sie alle mußten sich an gewisse alte Vorschriften und das Herkommen hinsichtlich der Fischerei halten und verfielen dem Abt zur Buße, wenn sie dawider handelten. Das gemeinsame Fischergericht war in der Reichenau. Noch eine von allen Fischereiberechtigten verfaßte Fischerordnung vom Jahre 1744 bestimmte die Grundsätze, nach welchen die Fischerei ausgeübt werden mußte. Jezt selbst ist die Fischereigerechtigkeit vom s. g. Kuhhorn am Fall (oberhalb Gottlieben beim Paradies zu Konstanz) bis ans Wanger-Horn und den Rhein herab zum Mooser-Steg beim Nonnenhaus (früher ein Frauenkloster zwischen Bohlingen und Moos) der Reichenau noch zuständig und werden alle Frevel der Fischer, sie mögen Schweizer oder Schwaben sein, von dem Amte Konstanz (Nachfolger des Obervogteiamts Reichenau) gebüßt. Von Zeit zu Zeit werden auch Versammlungen mit den betreffenden Seeumsaßen gehalten, und Verhandlungen mit den betreffenden Gemeinden über das Fischereirecht gepflogen. Die neuesten Zusammenkünfte waren 1857 und 1859, wo neue Statuten entworfen wurden.

Die Gerechtigkeit über den s. g. Gnadensee betheiligt die Gemeinden Reichenau, Allensbach und Markelfingen und zwar von Schopfeln bis zum s. g. Schlattgraben oberhalb Radolfszell im s. g. Markelfinger Winkel.

---

*) Siehe Geschichte der Insel und des Klosters Reichenau, §. 26.

Der Fischermeister (Obmann der Fischer) hat und muß stets seinen Sitz auf der Reichenau haben. Unter ihm stehen alle Fischer und alle amtlichen Erlasse und Verfügungen bezüglich der Fischerei gehen durch ihn an die betheiligten Fischer.

Der gegenwärtige Fischermeister ist — wie bereits bemerkt — Andreas Koch auf dem Münsterplatz.

Nur die Schifffahrt unterliegt nicht diesen Rechten. *)

Im Jahr 1488 (Dienstag vor St. Martin des hl. Bischofs Tag) geschah in Spänen zwischen Johannes, Abt des Gotteshauses Petershausen, der Meisterin und Convent des Gotteshauses Münsterlingen, dem Probst und Kapitel des Stifts zu St. Stephan und mehreren Bürgern zu Costentz einerseits — und Rudi Hippenmayer und Diepold Mayer von Gottlieben mit ihrem Anhange anderseits — eine Richtung wegen etlichen Fachen und andern Beschwerden, wobei die Kläger vermeinten, daß im Rhein unter Gottlieben am Grün, an der Kelen, an der Strauf und an andern Enden daselbst unter und auf ihren Lehen vom Gegentheil viele Fächer, die von Alters her nicht da gewesen, errichtet und Fächer mit Hürden anstatt mit Müß gemacht worden seien, wodurch das Lehen der Kläger geschwächt würde.

Das Schiedsgericht bestand aus: Martin v. Wissenburg, Pfleger und Conventherr des Gotteshauses in der Merenow (Augiæ majoris — Reichenau) anstatt des Abts Johannes und des Dompropsts Thoma v. Cyli zu Costentz, Ludwig v. Helmstorff, Ritter, Hofmeister und

---

*) Schiffmann Johann Staber auf der Reichenau hatte vor Einführung der Dampfschifffahrt die Schifffahrt von Schaffhausen bis nach Lindau. Sein Wohnhaus ist das jetzige Gastwirthschaus „zum Schiff."

Gegenwärtig werden von Schiffbaumeister Konrad Welte, am See, Mannenbach gegenüber noch große und kleine Schiffe gebaut und sein Sohn Joh. Bapt. Welte fertigte als Meisterstück 1860 eine schöne venetianische Gondel mit neuer Construction für Se. Königl. Hoheit den Großherzog, die für die Mainau bestimmt ist.

Berchtold v. Balgheim, Pfalzvogt — als Zusatz der gnä=
digen Herren von Costentz — ferner aus Claus Schulthais
und Hans Gutmann, Zunftmeister, beide des Raths —
als Zusätze des Burgermeisters und Raths daselbst. *)

§. 7.
Die Diebsweide (Dieweible)

war der Ort und die Stätte, wo über das Blut gerichtet
wurde; auf einem andern Punkt der Insel durfte das öffent=
liche Blutgericht nicht gehalten werden. Da war ein Ge=
rüst aufgeführt, von welchem dem Malefikanten das Urtheil
vorgelesen wurde. Lautete es auf Tod und ward vom Rich=
ter der Stab gebrochen, so läutete man auf der Pfalz die
Sterbeglocke; eine andere, namentlich Kirchenglocke, durfte
nicht dazu verwendet werden. Wurde der Verurtheilte zum
Hochgericht abgeführt, dann mußte ein Hausbesitzer in
Weiler demselben auf seinem schweren Gang noch einen
Labetrunk darreichen. Jezt gieng es über den See nach Allens=
bach. Hier auf der alten Mallstätte dieses Orts, zwischen Hegne
und Allensbach rechts über der Straße stund das Hochgericht,
der Galgen; da wurde alsbann das Todesurtheil vollzogen. —

Das Diebsweiblin (Diebsweide) selbst liegt hinter dem
Hirschen, stößt an den Schlaitheimer und ist jezt mit Reben
angepflanzt. Der Platz heißt nun im Munde des Volkes
das Dieweible.

§. 8.
Das Kindlebild

ist eine Kapelle auf dem Wollmatinger Riede, an dem Fahr=
damm, Straße nach Schopfeln, und war der Ort, wo unge=
taufte Kinder beerdigt werden mußten; denn so wie

---

*) Pergament=Urkunde (mit mehreren Insiegeln) des Archivs der Stadt Konstanz.

es verboten war, auf der Insel Waffen zu tragen, — so durften auch ungetaufte Kinder nicht auf der Insel begraben werden. Damals jedoch stand diese Kapelle noch nicht, sondern nur ein kleines Bildhäuschen; erst 1644 wurde die Kapelle gebaut. Sie hatte einen Altar und als Altarbild die vier Evangelisten in Stein gebildet, was heute noch hinter dem Marienbild in dem Glaskasten auf dem Altar zu sehen ist. Rechts in der Wand befindet sich in Stein ausgehauen der Engel St. Michael mit einer Flamme in der Hand, wie er den Bösen, der in Gestalt einer Nymphe oder Wassernixe (halb Mensch, halb Fisch) erscheint, darniederhält; herwärts davon in einer Nische das Steinbild der Gottesmutter Maria.— In der linken Wand, dem St. Michael gegenüber ist der hl. Georg ebenfalls in Stein gemeißelt; er stößt dem Drachen seine Lanze in den Rachen. Herwärts von diesem an der Wand ist ein großes Crucifix, das zu den ältesten Bildern dieser Art gehört. Die Füße des Heilands reichten sonst in einen Betstuhl hinein und sind nicht übereinander, sondern jeder Fuß frei, und jeder Fuß für sich durchnagelt. Auch diese Kapelle war sonst nicht so groß und ganz mit einem eisernen Gitter verschlossen; beim großen Wasser 1817 aber fuhr einmal von der Schweiz herüber an die Kapelle Nachts ein Schiff, wo das Gitter ausgebrochen und gestohlen wurde. Die Einlässe sind heute noch zu sehen. Jezt wurde die Kapelle vergrößert und mit einer Vorhalle versehen und auch erst jezt das Mariabild im Glaskasten aufgestellt, welches leider das alte steinerne Altarbild mit den vier Evangelisten verdeckt. — Die eigentliche Kapelle ist schön gewölbt. Der Anbau (Vorhalle) hat eine Dielendecke.

Zweiter Theil.

Geschichte des Klosters Reichenau.

§. 1.

Zustand und Name der Insel vor Gründung des Klosters.

Ob die Insel vor Entstehung des Klosters bewohnt war, ist unbekannt, weil keine Nachrichten hierüber vorhanden sind. Wir wissen nur, daß, als die Römer gegen die verbündeten Rhaetier und Vindelicier im Krieg lagen, der römische Feldherr Tiberius mit einer Flotte über den See fuhr und eine Insel besezte, von der aus er die Vindelicier in einer Seeschlacht besiegte; ob aber diese Insel Reichenau oder Lindau war, ist nicht erwiesen. Erst auf Verlegung des Bisthums Windisch nach Konstanz, zu einer Zeit, wo das Christenthum wegen dem unter den Christen eingerissenen Verderben einer Auffrischung bedurfte, und eine Erneuerung des christlichen Sinnes bei Klerus und Volk für nöthig erschien, fängt die Insel an, geschichtlich bekannt zu werden. Zu dieser Zeit erschien der hl. Pyrminius (Pirminius, Pirmin) als neu stärkendes Salz für die Christen am Bodensee, und half durch die Stiftung einer geistlichen Niederlassung dem in Verfall gekommenen Christenthum in der weitläufigen Diöcese Konstanz wieder auf. Damals hieß die Insel jedoch nicht Reichenau, sondern als Eigenthum eines am gegenüber liegenden Ufer auf Schloß Sandek *) wohnenden, sehr begüterten alemannischen Großen, Namens **Sintlahs** (Sintlas oder Sintlaz) der ein Richter, Graf oder Landvogt gewesen sein mochte — die **Sintlahesovva** (Sintleazzouua, Sintlacisaugia) Sintlas-Au.

Dieser **Sintlas**, Besitzer der Reichenau, eifrig besorgt für sein und das Seelenheil seiner Unterthanen, machte mehrfache fromme Wanderungen an heilige Orte. Bei einer solchen Wanderung lernte er den frommen Pirminius kennen, sah und bewunderte seinen unermüdlichen Eifer im Dienste des Herrn und wie er überall treffliche Zucht und Ordnung handhabte, so daß er eine ungemeine Zuneigung zu ihm empfand und die Kraft und Salbung der Rede des Frommen seine Seele mächtig ergriff. Von einem solchen Manne durfte er, wenn es ihm gelang, ihn zum Apostel seiner Heimath zu gewinnen, auch für sein Vaterland Großes erwarten. Er gieng zu Pirmin, stellte ihm vor, wie in seinen Gegenden das christliche Leben durch Nachläßigkeit der Lehrer und ungünstige Verhältnisse erstarrt sei, und besonders die Geistlichkeit eines Aufschwungs bedürfe, wenn die göttliche Lehre gedeihlichen Fortgang haben solle; und stellte ihm ferner vor, welchen himmlischen Lohn er zu gewärtigen habe, wenn er sich die Mühe nehmen wollte, mit seiner Kraft Andere zu kräftigen und mit dem Thaue seines Eifers die Trockenheit Anderer zu befeuchten; dagegen auf Zögerung große Gefahr hafte, indem, wenn für seine Heimath nicht bald Hilfe komme, sie auf's Neue in's Heidenthum zurückfalle.

---

*) Das Schloß Sandegg (Sandek) lag auf einem Bergvorsprung zwischen Berlingen und Mannenbach, unweit Schloß Salenstein und brannte 1834 ab.

§. 2.
Der hl. Pirmin, Gründer des Klosters Reichenau.

Pirminius, dessen Heimath, Geburtsjahr und Abkunft unbekannt sind *), war zwar nicht ungeneigt, den Wünschen des Sintlas zu entsprechen, doch äußerte er gegen ihn das Bedenken: es sei nach den kirchlichen Vorschriften (Canonen) nicht erlaubt, daß ein Bischof in die Diöcese eines andern ohne Ermächtigung eingreife; er bitte daher den Sintlas, in Gemeinschaft mit ihm nach Rom sich zu wenden, um von da aus die nöthigen Vollmachten zu erhalten.

Pirminius, der auf Schloß Meltis seinen Sitz hatte, welches Meldesheim, ein Dorf zwischen Bikenalb und der Blies in der bayrischen Pfalz ist — war nämlich Chorespiscopus

---

*) Ob Pirminius von den brittischen Inseln, oder aus Gallien stammt, ist nirgends zu finden, doch war er kein Deutscher, wenn er sich schon in fränkischer Zunge geläufig aussprach; denn noch lange nach ihm war auf Reichenau der keltische Ursprung ersichtlich.

Siehe „Quellen und Forschungen zur Geschichte Schwabens und der Ost-Schweiz." Von G. B. A. Fikler. Mannheim bei J. Schneider. 1859. 1. Abthlg. Seite XXI—XXII.

Warman, ein Mönch von Reichenau und nachher Bischof von Konstanz (geb. Graf von Dillingen, † 1034), richtiger jedoch Warman, Abt zu Hornbach bei Zweibrücken, der ein Zeitgenosse des Erzbischofs Ludolf (Lindolph) von Trier war und wie dieser 1008 starb — sowie Rhabanus Maurus, Abt zu Fulda und Walafried Strabo, Abt der Reichenau, welche das Leben des hl. Pirmins beschrieben und sein Lob in Versen besangen, berichten nur, daß er seine Heimath und Eltern verließ, um sich dem Predigtamte und dem Heile der Seelen zu widmen; nicht aber von seinem Vaterland und seiner Geburt und Abkunft; doch hält man für wahrscheinlich, daß er von Geburt ein Gallier war.

Siehe „Leben der Väter und Märtyrer nebst anderer vorzüglicher Heiligen." Von Alban Butler. Uebersetzt und vermehrt von Dr. Räß und Dr. Weis. Mainz bei Simon Müller 1826; 20. Band, Seite 302—320, sowie „Geschichte der Einführung des Christenthums im südwestlichen Deutschland, besonders Würtemberg." Von C. J. Hefele. Tübingen bei H. Laupp, 1837, Seite 334—348, und Quellensammlung zur badischen Landesgeschichte." Von F. J. Mone. Karlsruhe bei C. Mallot. 1848. I. Theil. Seite 37.

oder Landbischof im Bliesgau; daher er seinen Sitz nicht beliebig verlassen konnte. *)

Zufrieden mit der Erklärung Pirmins, kehrte Sintlas in seine Heimath zurück, um die nöthige Vorkehrung zu seiner Reise nach Rom zu treffen; vor ihm kam jedoch schon Pirmin in Rom an; denn die Aussicht auf eine baldige reiche christliche Ernte, die seiner nach Einholung der päpstlichen Erlaubniß in dem verdorbenen Alemannien harrte, spornte ihn an.

Der Papst Gregor II. hörte den frommen Bischof mit Aufmerksamkeit an, und da auch noch Sintlas vor dem hl. Vater erschien und die Gefahr für das Christenthum in Alemannien schilderte, willfahrte er gerne ihrem Wunsche, segnete beide vor der Abreise und stärkte sie durch oberhirtlichen Zuspruch in ihrem Unternehmen. Dem Sintlas gab er noch ein Schreiben an den Frankenkönig Theoderich IV. mit, worin er diesen ersuchte und bat, den beiden Männern hilfreiche Unterstützung zu leisten und mit Pirmin zur Förderung der hl. Religion unter dem Volke das Seine beizutragen.

---

*) Der hl. Pirminius gieng also von Austrasien aus und zwar aus der Gegend von Hornbach bei Zweibrücken nach Oberdeutschland, wohin er auch nach Vollendung seiner Mission von da zurückkehrte.

In der Nähe von Hornbach (Neuhornbach) zu Medelsheim, jetzt ein Dorf südwestlich von Zweibrücken in der bayrischen Pfalz war sein erster Sitz (Pirminius obtinuit Sedem Episcopalem in Castello Meltis). Medelsheim in der alten Lebensbeschreibung Castellum Melois oder Meltis, Mettis genannt, wurde zwar bald für Meaux, bald für Metz erklärt, bis der gelehrte Mauriner Peter D. Toussaints du Plessis und Andere nachgewiesen haben, daß in den Verzeichnissen der Bischöfe dieser Städte der Namen Pirmin nicht vorkommt; wohl aber andere Männer auf diesen Bischofsstühlen saßen. Nun nahm man mit Grandidier in seiner Geschichte der Kirche von Straßburg I. Theil Seite 251 und 266, 298 2c. an, daß Melois oder Meltis Medelsheim sei, indem nur zwei Stunden von dort der hl. Pirmin um 740 die Abtei Gmünd oder Hornbach stiftete. König Theoderich IV. von Franken nennt ihn in einem Diplom vom Jahr 727 zwar Bischof, Hermannus Contractus

Jetzt trat Pirmin seine Mission an; er kam im Jahr 724 in das Gebiet des Sintlas und wo er auftrat, wurde sein Eifer als Glaubensbote mit glücklichem Erfolg gekrönt. Als dies Sintlas erfuhr, trat er eines Tages zu ihm und bat ihn, zum Heile der Gegend auch noch ein Haus der Andacht in seiner Nähe zu gründen. Der Heilige wählte dazu die nahe Insel, die der See von allen Seiten umfloß; weil sie aber voll Schlangen, Kröten und gräulicher Würmer war, mißrieth ihm Sintlas das verrufene Eiland zur Gründung des Gotteshauses. Pirmins Entschluß blieb jedoch fest; er schiffte von einem Schiffer begleitet auf die Insel hinüber, die damals nur finstere Wälder, dornige Gebüsche und Sümpfe enthielt, worin eine Unzahl Kröten, Schlangen, giftige Insekten und anderes Gethier sich aufhielten, — und verjagte und verbannte die häßlichen und schädlichen Thiere. — Drei Tage und drei Nächte dauerte nach der Sage ihre Flucht über den See, und nie mehr wurden sie wieder gesehen. Als so die Insel von diesen Thieren befreit war, schritt er mit Hilfe einiger Genossen an's Werk. Sie reinigten das Eiland von dem wildverschlungenen Gesträuche; die Sonne fand Eingang, und bald war die Insel zu einer Stätte für Menschen zubereitet. Als die Wildniß zu einem wohnlichen Orte umgeschaffen war, errichtete Pirmin ein Bethaus zur Ehre des Herrn und war so der Gründer der später — namentlich wegen ihres großen Reichthums — so berühmt gewordenen Abtei Reichenau. Sintlas schenkte

---

aber Chorbischof. Chorbischof oder Landbischof selbst hieß man ehemals diejenigen, welche die Stelle eines Bischofs auf dem Lande vertraten, indem der eigentliche Bischof (Stadtbischof) in keinem kleinen Orte oder auf dem Lande seinen Sitz haben durfte; sie waren daher Untergeordnete des Bischofs, Gehilfen des Bischofs, bischöfliche Vikare in großen Diöcesen. Zuletzt giengen sie ab, als die Institute der Ruraldekane und Archidiakone entstanden.

Nebelsheim selbst war noch unter König Arnulph 888 ein königlicher Hof mit einer Burg.

ihm die Au und andere Bewohner der Umgegend vermachten ihm noch andere nicht unbeträchtliche Schenkungen, so daß die Sintlas-Au bald Flüchtlinge aus den Stürmen der Welt aufnehmen konnte, um hier in klösterlicher Einsamkeit den Lebensernst der ersten Christen zu erneuern. *)

Nachdem Pirmin jedoch drei Jahre auf der Sintlas-Au mit Segen gewirkt, sah er sich genöthigt 727 diese seine Stiftung zu verlassen; denn Thietbald (Theutbald oder Theobald), der Sohn und Erbe des Herzogs Gottfried von Alemannien, der auf der Burg Brye zu Cannstadt wohnte, welche von Kaiser Rudolf 1287 zerstört wurde, — lebte in Gemeinschaft mit seinen Brüdern in Feindschaft gegen den fränkischen **Major Domus**, weil Carl Martell die unter den schwachen merovingischen Königen aufstrebenden und nach Selbstständigkeit ringenden Herzoge niederhielt. Schon unter dem Hausmajor Pipin von Heristall, dem Vater Karl Martell's, war es zu Kriegen zwischen Franken und Alemannen gekommen, wobei leztere unter Gottfrieds zweiten Sohn Wilchar fast völlige Unabhängigkeit errungen hatten; der kräftige Martell aber war glücklicher als sein Vater; er durchzog siegreich Suevien und Bayern. Das Haus Gottfried's war daher noch mehr auf ihn erbittert, und Thietbald übertrug diesen

---

*) Der **Major domus Karl Martell**, Regent des Frankenreiches, soll zu Jopilla (Pallast der Großhofmeister an der Maas, Herstall gegenüber) den Stiftungsbrief des hl. Pirmin für die Sintlahesowa mit dem Privilegium der freien Abtwahl am 25. April 724 ausgestellt und dabei zugleich dem Stift von seinem Allod die Orte Marcholfinga (Markelfingen), Alaholfespach (Allensbach), Caltabrunno (Kaltbrunn), Walamolinga (Wolmatingen), und Alahmoniascurt (Allmansdorf) und auf der andern Seite des Rheines das königliche Dorf Erfmatinga (Ermatingen), mit allen Zugehörden, Leuten und Gut ꝛc. vermacht haben.

Die Stiftung Pirmins auf der Sintlas-Au selbst war auch wahrscheinlich nur eine kleine Kirche mit einem Friedhofe, um den die hölzernen Zellen der Mönche lagen; vielleicht war sogar seine Kirche nur von Holz, bis Zeit und Nothwendigkeit einen Neubau herbeiführten.

Haß auf Alles, was Carl Martell liebte und ehrte, so auch auf Pirmin, weil er von dem fränkischen Hausmajor geehrt und in seinem wohlthätigen Wirken unterstützt wurde. Kurz der Diener Gottes mußte die Insel und die Staaten Theobalds verlassen. Er begab sich in benachbarte Gegenden des Frankenreiches. Bevor er abreiste, sezte er seinen Schüler und Ordensgenossen Heddo oder Etto (Otto) als Vorsteher seines Stifts auf der Sintlas=Au ein. Er selbst begab sich ins Elsaß und ließ sich auf einer anmuthigen Einöde bei Murbach, damals Vivarius peregrinorum (Pilgerherberge) genannt, — oberhalb Colmar im Gebirge — nieder. Da gründete er mit Erlaubniß und Hilfe des Grafen Eberhard (Sohn des elsäßischen Herzogs Adalbert), der in dem von ihm erbauten Schlosse Egisheim bei Colmar sich aufhielt, das Kloster Murbach, und hatte die Freude, daß der Graf das Stift auch dem Könige Theoderich IV. empfahl, welcher dann, ein den Absichten Pirmins günstiges Diplom am 12. Juli 727 auf seiner Burg Gondreville ausfertigte.

Ueber dieses Kloster sezte der Gottesmann den Roman als Abt ein, während er (728) wieder andere Klöster besuchte, gründete, oder aufs Neue herstellte. So: Weißenburg, Maursmünster (Mauri monasterium), Neuweiler, Gengenbach, Schwarzach und Schuttern. *)

Auch in die Stifte Ober= und Unteraltaich an der Donau, Monsee und Pfaffenmünster in Bayern, sowie Pfeffers (Fabariense) in Rhätien, zwischen Sargans und Chur, brachte er Zucht und Ordnung zurück. Einige halten den Pirmin sogar für den Stifter von Pfeffers; denn berichtet die Sage: Als man dieses Gotteshaus bei Marschlins errichten wollte, verwundete sich ein Arbeiter, und sein Blut

---

*) Murbach liegt bei Gebweiler im Oberelsaß. Weißenburg im Elsaß, westlich von Karlsruhe, Maursmünster bei Elsaßzabern, Neuweiler in derselben Gegend, und Gengenbach, Schwarzach und Schuttern liegen in der s. g. Ortenau im großh. bad. Mittelrheinkreise.

benezte die Holzspäne; es erschien eine weiße Taube, die einen blutigen Span in den Schnabel nahm und damit auf eine waldige Anhöhe ob Ragaz flog. Pirmin folgte diesem Zeichen und baute auf der Stelle, wo die Taube den Span fallen ließ, 734 das Kloster. —

Zulezt (740) errichtete der Gottesmann noch die Abtei Hornbach (Gmünd) bei Zweibrücken, wozu ihm ein reicher fränkischer Edelmann, Wernher, die nöthigen Schenkungen machte. — Nur weibliche Klöster stiftete Pirmin nicht.

So wirkte der hl. Mann im ganzen Umkreis von Alemannien; in Alemannien aber nur durch die Stiftung von Reichenau; denn dort vertrieben, konnte er unserm Vaterlande nur von der Grenze aus nützen, weil, soweit die Söhne des Herzogs Gottfried ihre Gewalt ausdehnten, keine Stätte mehr für ihn war.

Besonders war es das Kloster Hornbach, das Pirmin in einem blühenden Zustande erhielt und da eifrige Mitarbeiter im Weinberge des Herrn erzog. Aber — nun sollte der thätige Mann für seine Arbeiten und Tugenden belohnt werden; der Herr rief ihn zu sich, und am 3. November 754 endete Pirmin mit apostolischer Würde sein Leben. Bald nach seinem Tode ward er als Heiliger verehrt.

Man liest seinen Namen im alten elsäßer Martyrologium aus dem 9. Jahrhundert, welches Lamey herausgab. *) Auch in einer von Adalbert 827 der Abtei Hornbach gemachten Schenkungsurkunde wird er als heilig genannt.

Seine Ueberreste sezte man dann in dem Kloster Hornbach bei und da blieben sie bis zur Zeit des dreißigjährigen Krieges, wo sie nach Insbruk in Tyrol geflüchtet wurden. **)

---

*) Histor. et Commentat. academ. Electoralis Palatinae, Tom. I. pag. 295.
**) Vergleiche Gudanus: Basilea sacra pag. 94.
    Ausführliches findet sich noch über das Leben, Wirken und die Wunder des hl. Pirmin in Mone's „Quellensammlung." I. Band, Seite 31—51.

Man behauptet auch, das Städtchen Pirmasenz im Westerrich, zwischen Landau und Zweibrücken, (Rheinbayern) sei Wohnsitz des hl. Pirminius gewesen, ehe er den Grund zur Abtei Hornbach gelegt; es habe daher seinen Namen nach ihm.

§. 3.
Abt Ebbo, Hetto, oder Heito.

Dieser Abt führte die Ordensregel des hl. Benedikt ein; wurde aber ebenfalls durch den alemannischen Herzog von der Insel verdrängt. Zuletzt (734) erhielt er von dem fränkischen Major domus Carl Martell den bischöflichen Stuhl von Straßburg. *)

§. 4.
Abt Johann I.

Unter seiner Regierung erhielten die Mönche auf der Reichenau, da er Bischof von Konstanz war, die Befreiung von der rechtmäßigen Gewalt des Bischofs und wurden dem römischen Stuhle allein untergeben, welche Exemtion zwar schon Kaiser Karl der Große, als er mit seiner Gemahlin und ihrem Liebling, Herzog Gerold von Bayern 780 auf die Reichenau kam, dem Kloster ertheilte. Diese Exemtion bestätigten dann die Päpste Adrian I. (772—795) Formosus (891—896), Johann IX. (898—900), Johann XIX. (1024—1033), Leo IX. (1049—1054), Innocenz II. (1130 bis 1143), Eugen III. (1145—1153), u. s. w.

---

*) Der Herzog, welcher den Ebbo 732 vertrieb, war Landfried, wahrscheinlich ein Bruder Theobalds. Während dem Episcopate Ebbo's wurde durch Pipin und Karl dem Großen alsdann das zweite Münster in Straßburg theilweise erbaut.
Bischof Ebbo starb zu Straßburg. 773 (779?).

Der Abt Johann I. (als Bischof: Johann III.) selbst starb 782 und wurde in der St. Kilians-Kapelle auf der Reichenau beerdigt. *)

§. 5.

Abt Waldo.

Stiftung der St. Peterskirche zu Niederzell.

Unter ihm geschahen viele Vergabungen ans Kloster. Er selbst errichtete Schulen, gründete die Bibliothek und wurde zulezt (806) von Kaiser Karl dem Großen Abt des Klosters St. Dionys bei Paris, wo er im Jahr 814 das Zeitliche verließ. Die Stiftung der St. Peterskirche zu Niederzell, die während seiner Regierung statt fand, geschah auf folgende Weise:

Es war Egino (Egnon), ein geborner Alemanne und Blutsverwandter Kaiser Karls des Großen, Bischof von Verona in Insuberien. Als er lange sein Bisthum ruhmwürdig regiert hatte, trieb es ihn an, nach Deutschland zurückzukehren. Er legte sein bischöfliches Amt nieder und kam auf die Au. Hier fand er an der geistlichen Zucht, Frömmigkeit und dem Lebenswandel der Religiosen so große Freude,

---

*) Gerold von Buffen, der Bruder Kaiser Karls des Großen Gemahlin, der schwäbischen Hildegarde (vexilliser Imperatoris) saß auf dem alten Berg Buevia, den man den Buffen (von Buß d. h. Beule, Erhöhung) nennt, ein freistehender Bergkegel 2378' hoch über dem Meere, südlich von der Donau und östlich von Rieblingen, in Oberschwaben, wo der Stammsitz des berühmten Berthold'schen Geschlechts, das seinen Namen von Berthold, Herzog in Alemannien hatte, war. — Gerold selbst kommt bald als Graf, bald als Herzog vor; er stiftete auf seinem Berge ein Kloster, das er jedoch später versezte. Es ist das Kloster Beuron im Donauthale bei Wildenstein, zwischen Sigmaringen und Tuttlingen. Im Hintergrunde der Gallerie dieser Stiftskirche, wo die Stifter und Wohlthäter dieses Klosters theils in Lebensgröße, theils in Brustbildern gemalt sind, befindet sich auch das des Gerold von Buffen und ihm zur Seite das Brustbild Karls des Großen, dann des Perregrin von Buffen, u. a. m.

daß er bei ihnen sein noch übriges Leben zubringen und in die Versammlung des Klosters sich aufnehmen lassen wollte. Als dies ihm verweigert wurde, bat er, ihm zu erlauben, in dem untersten Theil der Insel, in der Nähe des Gotteshauses einen Platz zu einer einsamen Wohnung zu wählen. Dies wurde bewilligt und nun schritt er zum Bau einer Zelle sammt Kirchlein. Nachdem beide 799 ihre Vollendung erlangt hatten, wurde das Kirchlein zu Ehren des Apostelfürsten Petrus eingeweiht. Da, in Niederzell, lebte der Bischof dann noch drei Jahre eines heiligen Wandels, schmückte die Kirche aus, bereicherte sie mit Reliquien von Heiligen, dotirte sie auch noch und starb am 27. Febr. 802.

Egino wurde alsdann in seiner Kirche begraben, und die Sage geht, daß er an Fieberkranken viele Wunder gewirkt habe. *)

Eine Messingplatte am Altar bezeichnet seine Grabstätte. Sie enthält die Aufschrift:

> Hac sunt in fossa praeclari praesulis ossa,
> Quem Verona dedit, nomen Egino fuit.
> Fundavit cellam, Petro Pauloque dicatam,
> Febris pulsa probat factaque mira pium.

d. h.: „Dieses Grab enthält die Gebeine des vortrefflichen Vorstandes (Bischofs) Egino mit Namen, den Verona uns gab. Er gründete eine Zelle, dem hl. Petrus und Paulus geweiht, und seine Frömmigkeit bezeugen die Wunder in Vertreibung des Fiebers."

Auch soll vor Zeiten, sagt Gustav Schwab **) — auf diesem Grab, das von Almannsdorf weggenommene Messing-

---

*) Siehe: „Dreifach beglükte Zeller Heiligen Zierd." Bericht über das Leben und die Verehrung der hl. Bischöfe und Martyrer Rathold, Theopontus, Sancelus und Zeno. Von Pater Philipp Fischer. Konstanz bei Leonhard Parcus. 1747. Seite 15—24.

**) „Der Bodensee nebst dem Rheinthale." Von Gustav Schwab. Stuttgart und Tübingen bei J. G. Cotta. 1840. II. Abth. Seite 81 und 97.

bild eines altdeutschen Götzen gestellt gewesen sein, das zwei Spannen lang, von rahner Form und schöner Gestalt war und in der Rechten drei Röslein, in der linken Hand eine Schlange und in einem Arsbacken ein Löchlein hatte, durch welches der Abgott seine Responsa gab. Die drei Röslein bedeuteten Belohnung und Ehre, die Schlange Strafe und Buße. Dieses Bild nahm Kaiser Maximilian I. im Jahre 1511 nach Insbruck.

Das Grab selbst ließ der berühmte Gerbert, der nachher Abt von St. Blasien wurde, als er auf einer Reise durch Schwaben 1760 nach Reichenau kam, öffnen. Man fand jedoch nur einige Gebeine und den Kopf des Bischofs mit etlichen Zähnen, sowie die Sandalen, welche nebst Kopf, (der ungewöhnlich groß war, und dessen vorderer Theil besonders von der gewöhnlichen Gestalt abwich), da sie ganz unversehrt waren, abgezeichnet und der Reisebeschreibung Gerberts beigefügt wurden. *)

Die Kirche des Bischofs wurde nachher noch zu einer Probstei und einem Collegialstift für 6 Canonici oder Chorherren erhoben; der Ort aber Eginoszell und in neuerer Zeit Niederzell genannt.

---

*) Die Insignien der bischöflichen Würde sind nämlich: der Hirten- oder Krummstab (pedum, baculus pastoralis) als Sinnbild des Hirtenamts, der Ring als Sinnbild der geistigen Vermählung mit der Kirche, das Brustkreuz (pectorale) und der bischöfliche Thron, dann bei feierlichen Funktionen noch die Inful (mitra, cidaris bicornis), die Pontifikalkleidung, die Handschuhe und die Sandalen (Fußbekleidung); im gewöhnlichen Leben dagegen tragen die Bischöfe als Auszeichnung ihrer Würde blos ein langes Gewand (Talar) und Strümpfe von gleicher Farbe. Der Kopfschmuck der Päpste besteht seit Urban V. in einer dreifachen Krone (die erste als Zeichen der Bischofswürde, die zweite als Zeichen geistlicher und weltlicher Herrschaft und die dritte aus symbolischen Gründen) Triregnum oder die Tiara genannt.

§. 6.

Abt Hatto I.

Bau und Einweihung des Münsters zu Unser lieben Frauen.

Nach Waldo regierte über das Kloster Abt Hatto II. oder auch Hetto, Heito genannt, aus dem Geschlechte der Grafen von Saulgau. Er war wie sein Vorgänger ebenfalls ein würdiger, sehr verdienstvoller Mann, ja sein Einfluß auf das Kloster wegen seiner Gelehrtheit und seinem Ansehen sogar noch größer, als der des Abts Waldo; denn er war nicht nur ein vortrefflicher Lehrer, sondern stund auch bei dem Kaiser Karl dem Großen, dem das Kloster auf der Au sehr lieb war, — in großen Würden, so daß dieser ihn oft zu wichtigen Gesandtschaften erkor, namentlich nach Konstantinopel. Der Kaiser besuchte 780 selbst die Au und beschenkte das Kloster. Er verehrte ihm einen werthvollen Smaragd und 809 noch Güter zu Alchingen, Höwstetten und Lütgeringen; — 813 aber gab er ihm sogar 7 pagi an der Donau, wozu besonders viele Rechte und Güter in pago Ulmensi und ein großer Pfarr- und Zehntsprengel im Umkreise von 23 Stunden gehörten, sowie viele Güter in Böfingen, Möhringen, Lehr, Grimmelfingen, Jungingen, Haßlach, Pfuhl u. s. w. *) Ueberhaupt blühte unter Abt Hatto das Kloster

---

*) Der Smaragd ist ein Edelstein von grüner, glänzender Farbe, der, wenn er recht schön ist, so grün aussieht, daß die frischesten grünen Blätter und Frühlingswiesen neben ihm als gelbgrün erscheinen. Er hat sechsseitige Prismen oder Säulchen, Glasglanz, ist durchsichtig und durchscheinend und besteht aus Kieselerde, Thonerde, Beryllerde, etwas Chromoxyd, Eisenoxyd, Tantaloxyd und Kalkerde. Die Alten gebrauchten ihn häufig zur Verzierung goldener Becher und zu Siegelringen. Man findet ihn im Glimmerschiefer zu Pinzgau im Salzburgischen, bei Gassir am rothen Meer und auf Gängen im Thon- und Hornblendeschiefer im Turkathale bei Neu-Carthago in Peru. Es gibt übrigens auch unächte Smaragde, die aus Glasfluß-Composition, Kupferkalk und Eisenkalk bestehen.

sichtbar auf. Es war sowohl eine geistliche Anstalt als auch eine Bildungsstätte der Weisheit. Die schon ziemlich angewachsene Bibliothek trug besonders viel dazu bei; denn die Religiosen benützten sie fleißig und erlangten so größere Kenntnisse und wissenschaftliche Bildung, und dies hatte dann wieder auf die Laien wohlthätige Wirkung. Hatto war zwar auch Bischof von Basel; aber dies hatte keinen Nachtheil auf's Kloster; er sorgte mit gleicher Sorgfalt für seine Diözese, wie für die Au.

Noch jezt ist ein großes Denkmal von ihm vorhanden, das Münster, das er 816 an der Stelle der kleinen und unansehnlichen Kirche des hl. Pirmin erbaute. Der herrliche Bau erhob sich zwischen dem Schulgebäude und der Klausur. „Als ich" — erzählt Walafried Strabo *) — „auf die Reichenau kam, war das Münster schon ausgebaut, nur an der vollständigen Ausschmückung des Innern arbeiteten die Brüder noch unabläßig. Endlich kam der ersehnte Tag der Einweihung der prachtvollen Kirche. Unzählige Volksmassen waren herbeigeströmt zu dem Feste; schon zwei Tage zuvor war der See mit Schiffen bedeckt, auf denen mit dem Volke Herren und Ritter aus der Nähe und Ferne herbeieilten. Auch mehrere Bischöfe und Abgeordnete vom Hofe des Kaisers Ludwig waren gekommen; denn der Abt war ein guter Freund Karls, seines großen Vaters gewesen. In der Ehre Mariä, Unserer lieben Frau, ward

---

Der Smaragd, welchen der Kaiser dem Kloster geschenkt hatte, ist übrigens jezt nicht mehr vorhanden. Ob er von den Schweden erbeutet wurde, welche unter den bischöflichen Effekten 1632, die sie auf dem See wegnahmen, einen Smaragd fanden, oder ob dieses kaiserliche Geschenk in andere Hände kam, kann mit Wahrheit nicht gesagt werden. Genug, er kam weg; auf der Reichenau aber zeigt man dafür einen schönen grünen Glasfluß, der namentlich wegen seiner Größe und Schwere gesehen zu werden verdient.

*) „Der Katholik." Eine Zeitschrift zur Belehrung und Warnung. Redigirt von Dr. J. B. Heinrich und Ch. Moufang. Jahrgang 1857. Mainz bei Franz Kirchheim. Seite 317.

das Münster eingeweiht von Abt und Bischof Hatto in Beisein aller Bischöfe, die in ihrem vollen Ornate an der Feier Theil nahmen. Es war ein wunderschöner Anblick. Siebenhundert Brüder, dazu hundert Zöglinge der innern und vierhundert der äußern Schule bildeten den Chor, wie ich ihn noch nie gesehen und gehört hatte, — und bei dem Hochamte antwortete das ganze Volk auf die Gebete des Bischofs *). Da zum erstenmale in meinem Leben regte sich etwas Unnennbares in meinem Herzen; eine unendliche Wehmuth kam über mich; Gottes Größe und Güte erfüllten meine Seele, und ich faßte den Entschluß mich ganz ungetheilt seinem Dienste zu widmen."

Auch wurde (818) der erste Weinstock auf der Insel gepflanzt. Die Studenten durften in Gegenwart Erlebald's, der die innere Schule leitete, nach dem Examen die Trauben verkosten. Vorstand der Schule war Grimald, der mit Tatto, einem andern Lehrer, von dem Abt in das Kloster **Aniane** gesendet wurde, — und als Grimald starb, ward sein Bruder Wettin Vorstand der Schule. Dieser blieb es, bis er 825 verschied, worauf Tatto an seine Stelle trat.

Der Abt wohnte regelmäßig den Prüfungen bei. Das leztemal, wo er dabei anwesend war, sprach er namentlich

---

*) Die Klosterschulen waren nämlich nach den damaligen Reichsgesetzen in eine innere und äußere getheilt. Die innere war für die bestimmt, welche für's Kloster erzogen wurden, d. i. für Knaben und Jünglinge, die von ihren Eltern dem Kloster übergeben worden waren, um sich dem Klosterleben zu widmen. Sie trugen die klösterliche Kleidung, waren kostfrei und wurden als Mitglieder des Stifts angesehen; — die äußere Schule dagegen für solche, die sich sonst bilden wollten, ohne selbst im Kloster zu bleiben, wie: für die Jugend des deutschen Adels, um hier in diesem Erziehungsinstitute die gesammelten Gesetzbücher des Landes zu studiren und die nicht Lust hatten, in das Kloster zu treten, sowie für Weltgeistliche u. dgl. In dieser Schule erhielten viele Bischöfe, Pfarrherren, Prälaten, Aerzte, Rechtsgelehrte 2c. ihre Bildung. — In St. Gallen verhielt es sich ebenfalls so. Siehe: „Geschichten des Cantons St. Gallen." Von Ildefons v. Arx. St. Gallen 1810. I. Band, Seite 188—189.

recht ergreifend zu den versammelten Schülern. Er sagte unter Anderm: „Gebrauchet Euere Talente und Kenntnisse im Dienste Gottes; denn nur in diesem Dienste werdet Ihr sie zu Euerm und Anderer Heil und Glück verwenden können, während Ansehen, Macht, Reichthum und Sinnengenuß Eueren Herzen keinen Frieden zu geben vermögen." — Dann legte er im Chor der Kirche seine beiden Aemter nieder, stieg vom Thronsessel herab, ergriff Erlebalds Hand, führte ihn hinauf zu demselben und übergab ihm unter lautem Weinen und Schluchzen aller Anwesenden den Stab und die Mitra. So der Abtswürde entsagt, trat er freudigen Blickes und mit fröhlichem Antlitze in die Reihe seiner Brüder zurück. Sein Tod erfolgte am 17. März 836.

§. 7.
Abt Erlebald.

Verbringung der Gebeine des hl. Markus auf die Reichenau und Leben und Sterben desselben.

Abt Erlebald selbst vermehrte die Bibliothek, beförderte das wissenschaftliche Studium und ermunterte noch andere Klöster, sich neben der Seelsorge und dem Kirchendienste den Wissenschaften zu widmen.

Dieser Abt, unter welchem die Gebeine des hl. Markus auf die Reichenau verbracht wurden — starb am 13. März 838.

Das Leben und Sterben des hl. Markus und die Verbringung seiner Gebeine auf die Reichenau wird, wie folgt, erzählt:

Der hl. Markus ist einer der vier Evangelisten, von dem das zweite Evangelium im neuen Testamente herrührt. Er war ein geborner Jude aus Jerusalem, hieß Anfangs Johannes und stand in naher Verwandtschaft mit Barnabas; als er jedoch das Christenthum angenommen und sich entschlossen hatte, dem Apostel Paulus im Predigtamte unter den Heiden zu dienen, legte er seinen jüdischen Namen ab und nannte sich Markus, um, weil dieser Name unter den Heiden einheimisch war, desto leichter bei ihnen Zutritt zu finden. Zu seiner Bekehrung zum Christenthum trugen wahrscheinlich die gottesdienstlichen Zusammenkünfte der Christen von Jerusalem im Hause seiner Mutter Maria viel bei; denn da Eusebius in seiner Kirchengeschichte ausdrücklich berichtet: „Markus habe den Herrn Jesu nicht gesehen," — so kann nicht angenommen werden, daß er einer der zwei und siebzig Jünger gewesen sei. Hauptsächlich aber war es Petrus, der ihn bekehrte; daher Petrus ihn auch in seinem ersten Sendschreiben „den geliebten Sohn nennt." — Als nachher Paulus und Barnabas auf Uebergabe des Geldes, welches sie von den Gemeinden zu Antiochia den armen Christen im Judenlande überbrachten, von Jerusalem wieder dorthin zurückkehrten, nahmen sie den Markus mit sich und er begleitete sie von Antiochia nach Cypern und von da nach Pisidien und Pamphilien. Nun waren aber die Beschwerden, welche die Boten des Herrn auf dieser Reise erdulden mußten, und die Gefahren und Verfolgungen, denen sie täglich, vorzüglich von Seiten der Juden, ausgesezt waren, — sehr groß; dies schreckte ihn ab, er wurde zaghaft und kehrte wieder nach Jerusalem zurück. Erst sein unablässiger Eifer für Vervollkommnung im Christenthum und die Gnade des Himmels verschafften ihm die nöthige Stärke, so daß er zum festen Entschluß kam, auch unter Beschwerden und Leiden sich der Verkündigung des Evangeliums unter den Heiden zu widmen. Jezt reiste er mit seinem Vetter Barnabas nach Cypern und theilte mit ihm starkmüthig alle Mühseligkeiten, Verfolgungen und Leiden.

Dann kam er nach Rom und wurde da treuer Mitarbeiter der Apostel Petrus und Paulus. Auch zu Alexandrien in Egypten, wohin er sich zulezt begab, predigte er mit großem

Eifer und Segen die christliche Lehre. Bald veränderte sich die Gestalt der Stadt. Die heidnischen Bewohner traten zahlreich zum Christenthume über, übten gute Werke, theilten das Ihrige mit den Armen der Stadt, und Egypten, das bisher nur todten Götzen diente — war bald eine Wohnung eifriger und erleuchteter Diener Gottes. Hier sollte jedoch der hl. Markus seine Predigten mit dem Martertod besiegeln. Es war am Osterfeste, während der Verrichtung des hl. Opfers, als er von den heidnischen Götzendienern ergriffen und an einen Strick gebunden unter dem Geschrei: „man müsse diesen Ochsen auf Bucoles, einen Ort voll Felsen und jäher Abgründe am Meere führen," — durch die Gassen Alexandriens geschleppt wurde. Bereits den ganzen Tag wurde er so herumgeschleppt. Die Erde und die Steine waren von seinem Blute gefärbt. Am Abend wurde er dann in den Kerker geworfen, wo er durch eine himmlische Erscheinung getröstet ward. Ein Engel Gottes trat zu ihm und sprach: „Markus du Diener Gottes, dein Name steht im Buche des Lebens, dein Andenken wird niemals ausgelöscht werden!" Jezt brachte er die ganze Nacht im Lobe Gottes und Anrufen des göttlichen Beistandes zu, und als am nächsten Tage die tobenden Heiden ihn nochmals wie Tags zuvor herumschleppten, erlag er der Marter und übergab seinen Geist in die Hände des Schöpfers.

Nun wurden die Ueberbleibsel seines Leibes von den Christen gesammelt und zu Bucoles, an dem Orte, wo sie zum Gebete zusammen zu kommen pflegten, begraben. Alsdann (310) baute man dort eine Kirche und verbrachte nachher die heiligen Gebeine nach Alexandrien, bis sie um das Jahr 815 nach Venedig übersezt wurden, wo das Andenken an den hl. Markus in der Domkirche noch jezt mit großer Pracht jährlich am 25. April gefeiert wird, *) obgleich sein Leib

---

*) Siehe 1. „Leben und Thaten der Heiligen. Eine Legendensammlung für das christkatholische Volk." Herausgegeben von mehreren Priestern. Luzern bei Joh. Martin Knich. 1825. 2. Theil.

auf die Reichenau gekommen sein soll. Es wird nämlich über die Verbringung des Leibes des hl. Markus hieher also berichtet:

Rathold oder Ratold, von vornehmen Eltern in Alemannien geboren, dessen Vater vielleicht Ratolf, Graf der Bertholdsbaar war, lebte unter dem bereits bekannten Bischof Egino von Verona als Kleriker; als dieser den Bischofssitz verließ und ihn mit dem einsamen Leben auf der Au vertauschte, wurde Ratold im Bisthum sein Nachfolger. Nach einigen Jahren entbrannte auch Ratold von demselben Verlangen nach dem Klosterleben und kehrte in sein Vaterland zurück, um in der Nähe der Au sich eine Wohnstätte zu gründen. Er bat den Abt Hatto um die Erlaubniß, nächst der Insel eine solche mit einer Kirche zu bauen. Es wurde bewilligt und bald stund eine Zelle mit einer Kirche da. Diese Kirche wollte Ratold mit heiligen Reliquien zieren und machte sich zu diesem Behuf mit einem venetianischen Herzog, Namens Justinian bekannt. Da er sein Vertrauter geworden, brang er in ihn, daß er ihm für eine Summe Geldes den Leib eines berühmten Heiligen verschaffe. Der venetianische Herzog that solches und brachte ihm zur bestimmten Zeit den Leib des Evangelisten Markus; stellte aber dabei das Begehren, daß man eine Zeit lang den Namen dieses Heiligen verschweige und ihn für die Gebeine des hl. Bischofs und Martyrers Valens ausgebe. Zu gleicher Zeit erhielt Ratold in Tarvis oder Tarvis die Reliquien der Heiligen Senesius und Theopontus und brachte sie in die von ihm kürzlich erbaute Zelle am See; den Leib des hl.

---

2. „Leben und Thaten der Heiligen." Eine Legendensammlung für das christkatholische Volk. Von Michael Sintzel. Augsburg bei Karl Kollmann 1839 II. Band.

3. „Große illustrirte Heiligenlegende auf alle Tage des Jahres." Mit Holzschnitten. Von Albert Werfer, Franz Xaver Stek und Ph. M. Lander. Ulm bei Ebner 1859.

4. Mone's Quellensammlung. I. Band, Seite 61—67.

Markus aber führte er am 9. April 830 auf die Insel. Ratold starb dann voll von Verdiensten guter Werke (am 13. September 874) und wurde in der nach ihm benannten Kirche Ratoldszell — um welche nachher die Stadt Radolphs= zell entstand — begraben.

So lautet die Geschichte über die Verbringung des hl. Markus auf die Au. Wahrscheinlich aber ruhen nicht der ganze Leib, sondern nur einzelne Theile des Heiligen hier; denn es ist nicht wohl anzunehmen, daß der Herzog von Venedig dem Ratold den ganzen Leib des hl. Markus abgegeben habe, den er mit so großen Kosten von Alexandrien kommen, und zu dessen Ehren und Beisetzung er einen so prächtigen Tempel, wie die St. Markuskirche in Venedig, erbauen ließ.

Als übrigens die irdischen Ueberreste des hl. Markus auf der Au ruhten und der Heilige viele Jahre hindurch unter dem Namen Valens verehrt worden war, hatte Bischof Gebhard I. von Konstanz (geborner Graf von Habsburg), früher Klosterherr auf der Insel, kurz vor seinem Tode, Nachts (885) die merkwürdige Erscheinung:

Es war ihm, als befände er sich im Kloster der Au und gehe durch eine gewisse Thüre zur Kirche. Unterwegs be= gegnete ihm ein mit kostbaren geistlichen Kleidern angethaner Bischof, der auf die Frage Gebhards: „wer er sei?" antwor= tete: „ich bin Markus der Evangelist und will, daß man meine Gebeine, die an einem feuchten Ort liegen, aufhebe und besser bewahre." Gebhard der dieses Gesicht für einen Traum hielt und sich nicht würdig schäzte, mit einer Erscheinung dieser Art begnadigt zu werden, schwieg stille und verheimlichte die Sache dem Abt; die folgende Nacht erschien St. Markus nochmal und ermahnte den Bischof zu befolgen, was er ihm gestern be= fohlen habe; Gebhard schwieg auch diesmal aus Demuth und sagte dem Abt nichts. Nun erschien der hl. Markus die dritte Nacht wieder; aber jetzt war er erzürnt und strafte den Bischof mit harten Worten „daß er schon zweimal seinen Befehl nicht vollzogen habe." Nun verfügte sich Gebhard sogleich nach der Reichenau und entdeckte dem Abt die Erscheinung. Man ließ in dem Kloster Fasten halten und öffnete das von dem Heiligen bezeichnete Grab. Es wurden wirklich die hl. Gebeine, die bis dahin unter dem Namen Valens daselbst begraben lagen, gefunden. Man hob sie aus dem Erdreich und legte sie mit großer Andacht in einen neuen Sarg. Diesen verbrachte man dann an einen gegen Sonnenaufgang erhabenen Ort neben dem Chor; eröffnete aber auch jetzt den Namen noch nicht. Erst unter Bischof Notingus von Konstanz, als dieser um 930 in seinem Bisthum eine Kirchenversammlung abhalten ließ und darauf die vor vielen Jahren her wunderbare Entdeckung des unter einem geborgten Namen befindlichen Leichnams S. Marci Evangelistae vortrug, — wurde verordnet, daß von nun an das Fest des hl. Markus am 25. April in allen Kirchen dieses Sprengels feierlich gehalten, in der Reichenau aber die hl. Gebeine andächtig und öffentlich verehrt werden sollen.

v. Landsee, dem wir diese Nachricht entnommen haben, fügt bei: „Es ist bekannt, daß die Republik Venedig behauptet, den Leichnam des hl. Evangelisten Markus bei sich zu haben, das wir zu erörtern oder zu widersprechen uns nicht unterstehen; nur das wollen wir anführen, was vielleicht in den alten Zeiten zu diesem Verstoß den Anlaß gegeben haben mag: der Leichnam des hl. Evangelisten Markus ist bekanntermaßen von Alexandrien in Egypten in die Insulam Venetam abgeführt worden; allein da nicht nur Venedig diesen Namen führt, sondern auch die Insel Reichenau ehedem **Insula Veneta** und der Untersee **Lacus Venetus** — wie **Pomponius Mela L. 3 C. 1.** de situ orbis bezeugt — genannt wurde, so mag gar leicht sein, daß der Verstoß daher kam und man in jüngern Zeiten vermeinte, es sei niemals eine andere venedische Insel als Venedig gewesen." *)

Wir geben jedoch dieser Bemerkung wenig Gewicht, halten vielmehr die Inselstadt Venedig in den sogenannten Lagunen im adriatischen Meere als die Stätte, wohin der Leib des hl. Evangelisten Markus wirklich gebracht wurde; denn da befindet sich nicht nur die zu Ehren des hl. Evangelisten 976 aufgeführte großartige Markuskirche, sondern es wird sein Andenken unter Ausstellung seiner irdischen Ueberreste in einem verschlossenen Sarge noch jährlich mit größter Festlichkeit und Feier begangen. Diese Theile, die auf die Au kamen, wurden übrigens in einen silbernen künstlich gearbeiteten Sarg verbracht, den man noch zeigt, und das Fest des hl. Markus wird auch hier noch unter einem großen Volkszudrang mit einer Prozession am 25. April feierlich begangen.

Wichtig indeß ist die Bulle Papsts Innocenz VIII. vom Jahr 1486, worin er erklärt, daß der Leib des hl. Markus wirklich in der Reichenau ruhe und den jüngsten Tag des Gerichts daselbst erwarte, und daß er denen, so zu seinen hl. Reliquien wallfahrten, auf 10 Jahre Ablaß verheißt. —

§. 8.

Abt Walafried Strabo.

Großer Gelehrter und Beförderer des Weinbau's auf der Reichenau.

Dieser merkwürdige Mann wurde in Schwaben von geringen Eltern im Jahr 806 geboren und kam unter Abt

---

*) Siehe: „Enchiridion Helveticum Constantiae Episcopalis oder kurzgefaßte topographische Beschreibung derer Städten, Orten und Herrschaften, welche im Bisthum Constanz gelegen seynd. Von Johann Franz Freyherrn von Landsee. Constanz bei Johann Gerhard Ludolf 1778. Seite 54 und 55.

Hatto in seinem 9. Jahre als armer Waisenknabe in's Kloster, wo er von den Lehrern Grimald, Gerard, Wettin und Tatto Unterricht in den Wissenschaften erhielt; *) dann begab er sich nach Fulda, dessen Abt damals der berühmte Gelehrte Rhabanus Maurus war. **) Hier verweilte er einige Zeit zu seinen Studien, kehrte aber wieder nach der Au zurück, neuen Glanz des Klosters verbreitend. Er hatte zwar schielende Augen, aber schielte nicht so in die Bücher und unter die Leute hinein, wie es Viele heut zu Tage thun; sondern forschte, prüfte, verglich und bereicherte dadurch seinen ohnedies hellen Geist auf eine erstaunliche Weise. Damit verband er Reinheit der Sitten, unbestechliche Rechtschaffenheit und einen kindlichfrommen, religiösen Sinn, wie es Gott gefällt. Und wie er für seine Seele und geistige Bildung besorgt war, so sorgte er auch für das Hauswesen des Klosters.

Er wurde 842 zum Abt auf der Au gewählt und hatte die Freude, daß König Ludwig nicht nur die frühern Vergabungen und Privilegien des Klosters bestätigte, sondern dem Gotteshause noch neue nicht unbedeutende Schenkungen beifügte. Durch solche Bereicherungen wurde er in den Stand gesetzt, daß er sowohl die Kloster-Oekonomie verbessern, als auch seinen Conventualen an Festtagen eine reichlichere Tafel vorsetzen konnte, damit sie einen Unterschied von Werk-, Sonn- und Festtagen hatten. Noch hat man ein von ihm 843 gefertigtes Verzeichniß, worin er dem Großkeller aus den Klostergütern die erforderlichen Einkünfte und Nutzungen zur Bestreitung des Klosterhaushalts überhaupt, und für eine reichlichere Tafelbesetzung an Festtagen bestimmt. Die

---

*) Siehe: „Der Katholik" pro 1857, in welcher Zeitschrift zugleich auch über die Beschäftigung der Studenten, über die Lehrbücher, Unterrichtsgegenstände, und das Studentenleben überhaupt zu jener Zeit Nachricht gegeben wird.

**) „Leben des hl. Rhabanus Maurus." Von Th. Spengler. Regensburg bei G. J. Manz. 1856.

Orte, welche er dazu anwies, aus denen jährlich, beziehungsweise täglich Schafe, Brod, Gemüse nach Muben (modii) angesezt und Käse nach Hunderten, Fettkuchen, Salz, Speck, Honig faßweise abgeliefert werden mußten, wozu noch Schüsseln, Teller, Töpfe, Hanf, gesponnenes Garn (nach Haspeln gerechnet) und aus der Lombardei Abgaben an Kastanien, Oel u. s. w. kamen, waren nach Dümgé, Seite 70: Chuningespach, (Königsbach bei Durlach), Marcheluingen (Marckelfingen bei Radolfzell), Pirningen, Emphingen, Pinestorf, Wagingen (Wehingen an der Bära, unweit Spaichingen), Tufeling (Tuhlingen an der Donau), Meringen (Möhringen), Tuttelingen (Tuttlingen), Nodelingen (Rieblingen), Honistetten (Honstetten bei Engen), Altheim (Altheim bei Rieblingen an der Donau), Muleheim (Mühlheim bei Tuttlingen), Thettingen (Dettingen), Stecheboren (Steckborn in der Nähe der Reichenau), Unlaingen (Unlingen bei Rieblingen), Geegingen (Gemchingen), Munehrdorf (Mintersdorf unweit Stockach, im Sigmaringen'schen), Almenesdorf (Allmannsdorf bei Konstanz), Unolmotingen (Wollmatingen bei Konstanz), Hagene (Hegne bei Wollmatingen), Longobardia.

In den Jahren 842 bis 849 ließ er dann auf der Au den Weinbau erweitern, indem er von Steckborn her, wo derselbe bereits betrieben wurde, vierzig Rebleute auf die Insel berief, die Gemüse- und Weingärten anlegen mußten; denn ein Edelmann, Namens Selbo, hatte Steckborn an die Abtei lehenpflichtig gemacht, weshalb die Einwohner verbunden waren, nicht nur diese, sondern noch andere Dienste zu leisten, wie sie das Leibeigenschaftsrecht vorschrieb. *)

Nachher kommen Freiherren v. Stelborn vor, welche viele Güter von der Reichenau zu Lehen trugen.

Zwar stand der Abt nur 7 Jahre der Regierung über die Abtei vor; aber während dieser Zeit wirkte er viel sowohl

---

*) Thurgauisches Neujahrblatt pro 1830. Artikel „Steckborn."

für das geistige als das materielle Wohl seines Klosters; ja das wissenschaftliche Streben auf der Reichenau strahlte jezt gar in weite Ferne, so daß seine Schule neben denen von Hirsau und Fulda bald eine der ersten Academien des südlichen Deutschlands war, die der alemannische Adel zu seiner Erziehungsstätte wählte.

Der Abt starb am 18. August 849 auf einer Reise zu König Karl dem Kahlen in Frankreich, die er im Auftrage Königs Ludwig des Deutschen machte, erst 43 Jahre alt. Sein Lehrer Rhabanus sezte ihm eine sehr schöne Grabschrift.

Die Schriften Walafrieds sind, besonders in Erwägung seines kurzen Lebens und seiner vielen Geschäfte sehr zahlreich und mannigfaltig. Das umfassendste Werk ist die Glossa ordinaria, die er seinem Lehrer Rhabanus Maurus nachgeschrieben haben soll. Diese Glossen oder kurze Commentare erstrecken sich über die historischen, didaktischen und prophetischen Schriften des alten Bundes, und zwar auch über die deuterocanonischen Bücher, wie über das ganze neue Testament. Eine ausführlichere Erklärung der ersten 20 Psalmen theilt Pez in seinem Thes. Anecdot. noviss. T. IV. zum erstenmal mit, einen Theil des Commentars zu 66 Psalmen, die ihm von Reichenau überschickt worden waren, und den man für eine Ueberarbeitung und Ausarbeitung eines Spätern nach der Glossa ordin. des Walafrieds halten kann. Daran schließt sich die Epitome Commentariorum Rabani in Leviticum. Eine Homilie zu Matthäus, von Pez (T. II.) erstmals mitgetheilt, und eine Expositio in IV Evangelia, von Martianay im 5. Bd. der Werke des hl. Hieronymus mitgetheilt, sind von mehr als bestrittener Aechtheit; ebenso die Picturae Historiarum N. Test. von Golbast im „Manuale biblicum" mitgetheilt. — Aecht ist die Schrift: De ecclesiasticarum rerum exordiis et incrementis ad Reginbertum episcopum, eine Art Liturgik und Pastoral.

Ferner haben wir von ihm eine Rede oder Abhandlung „über die Zerstörung Jerusalems," von Canisius im II. Thl. der Lectiones antiquae etc. — Ueber das Leben des heiligen Gallus (de vita Galli) schrieb Walafried zwei Bücher in Prosa, wovon das zweite die nach Gall's Tod durch ihn gewirkten Wunder erzählt. Ein Buch schrieb er über das Leben des heiligen Othmars, Mönchs und Abts von St. Gallen. Nebstdem schrieb Walafried in gebundener Rede: 1) Leben des hl. Blaitmaikus, Abts von Hy und Martyrers. 2) Leben des hl. Mönchs Mamma. 3) Ein Buch über die Erscheinung Wettin's (de Visionibus Wettini) seines Lehrers in der Reichenau, wo der hl. Schutzengel den Wettin durch Himmel, Hölle und Fegfeuer führte und ihn da wunderbare, geheimnißvolle Dinge schauen ließ, dabei ihm auch Mahnungen und Aufträge gab, welche Wettin bei seinem Wiedererwachen in Gegenwart Bischofs Hatto, des Abts Erlebald, des ehrwürdigen Seniors Theganmar und des Meisters und Lehrers Tatto erzählte und Walafried, welcher ihn pflegte und daher bei diesen Vorfällen zugegen war, auf Ersuchen des Erzkaplans Grimald, welcher genauen Bericht über die Erscheinung und den Tod seines theuren Bruders Wettin (825) wünschte, beschrieb. 4) Einen Hymnus auf Weihnachten auf die Martyrer zu Agaunum (St. Maurice); Versus in Aquisgrani palatio editi im 16. Jahre Ludwigs des Frommen, Versus quos post annum aetatis XV. edidit; Hortulus ad Grimaldum, Abt von St. Gallen. Von Einigen wird ihm auch eine Vita S. Leodegarii in Versen zugeschrieben. — Am ausführlichsten über das Leben und die Schriften Walafrieds Strabo wird gehandelt in dem Buche „de viris illustribus monasterii Augiac divitis" von Johannes Egon und zwar Cap. XII. „de abbatibus" und Kapitel XIII. „de doctoribus et scriptoribus," welche Schrift bei Pez in dem Thesaur. Anecdot. Nov. sich findet (T. I. P. III. p. 594 — 772); die erste Gesammtausgabe von Walafrieds Werken aber erschien in 2 Bänden in **Migne's Patrologia, T.** 113 und 114 (1852) unter dem Titel: Walafridi Strabi Fuldensis monachi opera omnia ex editione Duacensi, et collectionibus Mabillonii, Dacherii Goldasti etc. nunc primum in unum coadunata, accurante Migne. *)

§. 9.
Abt Walther und der hl. Meinrad.

Von Abt Walther selbst weiß die Geschichte nicht viel; das Wichtigste ist, daß unter ihm die Gebeine des hl. Meinrad auf die Au gebracht werden.

Die Legende berichtet:

Der hl. Meinrad, ein Sohn Bertholds, des Grafen von Zollern und einer Gräfin von Saulgau an der Donau wurde 805 geboren. Schon frühe besorgt, ihn gottgefällig erziehen zu lassen, wählten seine Eltern dazu die Au, wo Hatto, ebenfalls ein Graf von Zollern und Blutsverwandter Bertholds damals Abt war. Der Knabe kam im Jahr 810 dahin und wurde dem Religiosen Erlebald (nachmaliger Abt, den wir schon kennen) Meinrads Mutter Bruder zur Erziehung und Bildung übergeben. Bald nahm er so an Weisheit und Gottgefälligkeit zu, daß er sowohl die Achtung und das Wohlwollen der Klosterherren, als die Zufriedenheit des Abts erwarb. Er wurde Priester und trat 821 in den Orden des hl. Benedikts.

Abt Erlebald schickte ihn dann (829) als Lehrer nach Bollingen, wo das Kloster einen Nebenconvent (Cella) hatte. **) Da war er mehre Jahre, bis in seinem Herzen ein Sehnen nach einer Lage wach wurde, die ihm sein gegenwärtiger Beruf

---

*) „Kirchenlexikon oder Encyklopädie der katholischen Theologie und ihrer Hilfswissenschaften." Herausgegeben von Heinrich Joseph Wetzer und Benedikt Welte. Freiburg im Breisgau, Herder'sche Verlagsbuchhandlung. 1854. Eilfter Band. Seite 781 und 782.

**) Bollingen ist ein Dorf, rechts, am Südostende des Zürichersees.

nicht zu gewähren vermochte. Die Einfalt seiner Seele fürchtete Gefahr von der Welt und dem Leben in ihr und verlangte nach heiliger Abgeschiedenheit. Er kam zu dem Entschluß, ein Einsiedler zu werden. Mit Erlaubniß des Abts begab er sich auf den Berg Ezel, *) unterzog sich da aller Strenge und Selbstverleugnung und lebte ganz dem Dienste Gottes. Als er hier nicht verborgen blieb, begab er sich 838 weiter, wohin selten ein menschlicher Fuß kam. Es war eine Ebene in finsterm Walde. Diese wählte er und lebte hier in größter Frömmigkeit, nur im Umgang mit Gott und der heiligsten Mutter Maria in einer kleinen Eremitage, bis es dem Herrn gefiel, ihn 862 mit der Marterkrone zu zieren. Die Landstreicher (Richhard von Nördlingen und Peter aus dem Churer Ries) hatten ihn in seiner Zelle erschlagen. Zwei Raben, die St. Meinrad jung zu sich nahm und erzog, verfolgten die Mörder bis Zürich; da empfiengen sie durch den Reichsvogt, Grafen Albert den gebührenden Lohn. Sie wurden gerädert, verbrannt und ihre Asche in die Limmat gestreut.**)

Als die Kunde von Meinrad's Tod nach der Au kam, begab sich der Abt Walther mit seinen Religiosen an den Ort des Ermordeten und holte ihn ab. Sie luden ihn bei tiefem Schnee auf einen Schlitten und fuhren von bannen; auf dem Ezelberg aber, wo Meinrad seine frühere Wohnung hatte, konnten sie den Schlitten nicht mehr fortbringen. Erst als sie auf göttliche Eingebung die Eingeweide des Heiligen in dieser seiner Kapelle begruben, vermochten sie es. Jetzt gieng es leicht weiter und nach einigen Tagen langten sie mit der heiligen Ladung glücklich auf der Au an. Da wurde St. Meinrad würdig zur Erde bestattet; an der Stelle im finstern Walde dagegen, wo Meinrad später gewohnt und

---

*) Der Ezel ist ein 3310 Fuß hoher Berg, zwischen dem Zürichsee und dem Sihlflusse.
**) Die Limmat ist ein Fluß, der aus dem Zürichersee in lachendem Thale nordwestlich zur Aar strömt. Sie entspringt am nordwestlichen Hange des Döbi, stürzt da als Staffelbach in herrlichen Wasserfällen herab und heißt, bevor sie zum Züricherse läuft, Linth.

ermordet wurde, erhob sich um 934 ein Kloster mit Kirche zum hl. Mauriz, und dieses ist jezt das berühmte fürstliche Gotteshaus Einsiedeln, wohin nach 178 Jahren die Gebeine St. Meinrads von der Au verbracht wurden.

Abt Walter selbst starb bald auch — 862.

§. 10.

Abt Hatto II.

Verbringung vieler Reliquien auf die Reichenau.

Auf Walther folgte Abt Hatto. Unter seiner Regierung wurden viele Reliquien auf die Reichenau gebracht. So die des hl. Januarius, des hl. Festus u. s. w.

Der hl. Januarius selbst war Bischof von Benevent, zu einer Zeit, wo unter dem römischen Kaiser Diocletian eine Christenverfolgung ausbrach, in der abermals Viele, die ihrem Glauben an Christus treu blieben, den Tod fanden. *) Manche wurden nach Puteoli (Puzzuolo) abgeführt. Dahin begab sich auch Januarius, um seine Freunde zu trösten. Der Statthalter der Provinz Campanien, Thimotheus, erfuhr dies und ließ auch den Bischof verhaften. **) Januarius wurde mit Festus seinem Diakon und mit Desiderius seinem Lektor nach Nola, der Residenz des Statthalters abgeführt, um da den Göttern zu opfern, und als sie dies nicht thaten, im Amphitheater zu Puteoli wilden Thieren vorgeworfen zu werden verurtheilt. Hier waren nach Sosius, Diakon zu

---

*) Benevent (Benevento) ist eine Stadt am Sabato und Caler, im Neapolitanischen, mit ungefähr 16000 Einwohnern. Sie ist der Sitz eines Erzbischofs, hat mehre römische Denkmäler und stark besuchte Messen.

**) Campanien (jezt die neapolitanische Provinz Terra di Lavoro) ist die ehemalige Landschaft Italiens — die viele herrliche Naturschönheiten und außerordentliche Fruchtbarkeit und Anmuth besitzt — welche von den Römern regio felix, die glückliche Landschaft genannt wurde.

Misena (unweit Lucca) ein inniger Freund des Bischofs, Prokul, Diakon zu Puteoli, Eutyches und Akutius, fromme christliche Laien, welche ebenfalls mit Januarius und den Andern den Martyrer=Tod erlitten. Da die wilden Bären selbst ihnen nichts thaten, wurden die hl. Männer gefoltert und im Jahre 305 enthauptet. Nachher wurden die Leiber der Martyrer von den Gläubigen begraben und die Reliquien des hl. Januarius nach Neapel gebracht und hier verehrt. Wie nun Sico, Fürst von Benevent, im Anfang des 9. Jahrhunderts Neapel eroberte, nahm er die Gebeine des hl. Bischofs mit und sezte sie 825 mit Ehrfurcht zu Benevent bei; das Haupt des hl. Januarius aber, das aus dem Schrein weggenommen ward, blieb in Neapel und wurde verwahrt. Es befindet sich nebst andern Ueberresten des Heiligen, die ebenfalls wieder nach Neapel verbracht wurden, in einer prächtigen Kapelle des dortigen Doms, und da wird auch noch, in zwei gläsernen Fläschchen verschlossen, das Blut des hl. Märtyrers aufbewahrt.

Später als Kaiser Ludwig II. einen Zug gegen Campanien machte, um das Land vor den Einfällen der Ungläubigen zu schützen, verbargen Landleute die Leiber der Heiligen aus Furcht vor den Feinden und verwahrten sie in einem Kirchengewölbe.

Dies erfuhr ein Ritter aus Schwaben, der bei einem Priester Herberge genommen und als Lehensmann des Kaisers diesen Zug nach Campanien mitmachte; er ließ sich den Ort zeigen und da er die hl. Leiber fand, verschloß er sie mit Wissen des Priesters in einer Lade und verbrachte sie nach seiner Heimkehr im Jahr 871 in das Gotteshaus Reichenau. Die Gebeine waren: die des hl. Januarius, Festus, Desiderius, Sosius, Eutyches und Akutius; das Haupt des hl. Januarius aber konnte er nicht mitbringen, weil es zu Neapel sorgfältig verwahrt war. Von diesen Heiligen kamen dann mehrere Reliquien noch in andere

Kirchen, und auch in der Jesuiten=, jetzt Lyceumskirche in Konstanz werden einige Gebeine des hl. Januarius in einem Kästchen verschlossen zur Stunde noch aufbewahrt.

Der Gedächtnißtag des hl. Januarius ist am 19. Januar. Der Abt Hatto II. starb am 9. September 871.

§. 11.

Abt Rudo und Kaiser Karl der Dicke.

Auf Abt Hatto II. folgte Rudo oder Rudolf, welcher von Papst Hadrian II. als Abt geweiht wurde. Unter seiner Regierung erwarb die Reichenau sehr viele zeitliche Güter. Ihr größter Wohlthäter wurde Kaiser Karl III. der Dicke, welcher viel, was zu ihrem äußern Wohlstand beitrug, für sie that; denn er vergabte ihr von seiner Pfalz Bobmann aus (in potemo Palatio) 881 auf den Wunsch seiner Gemahlin Richardis den Flecken sammt Kloster Zurzach und dann noch, als er mit dem Bischof Liutward von Vercelli 883 die Au besuchte, die Orte Jonen und Kembraten im Zürichgau, ja er ließ dem Kloster zuletzt Alles, was ihm im Laufe der Zeit ent= zogen und wieder zur kaiserlichen Kammer gebracht wurde, zurückstellen. Dieser Kaiser, welcher die Reichenau oft mit seinem Besuche beehrte, wurde überhaupt mit den Klosterherren derart vertraut, daß er mit ihnen spielte und sich in ihre Scherze einließ. Als er in seiner Pfalz Neidin= gen auf der Baar am 13. Jenner 888 starb, holten ihn daher der Abt und die Conventualen auf die Au ab und begruben seinen Leichnam im Münster, herwärts dem s. g. Mutter= gottesaltar. *)

Noch wird bei der Sakristei die Stelle gezeigt, wo der Kaiser beerdigt wurde. Man öffnete vor ungefähr 50 Jahren sein Grab und da wurden seine Gebeine beseitigt.

In dem gleichen Jahr, als Karl der Dicke starb, verschied dann auch der Abt Rudo.

§. 12.
Abt Hatto III. Erzbischof von Mainz.
Gründer der Kirche in Oberzell.

Ein Wasserkrug von der Hochzeit zu Kana kommt auf die Reichenau.

Der Nachfolger Rudo's war Abt Hatto III., aus dem Stamme der fränkischen Könige, Mönch in dem Kloster der Au. Da er Verwandter des Königs Arnulph war, wurde er von ihm auf den Tod des Erzbischofs Sunzo oder Sunberhold, welcher in einem Treffen gegen die Normannen fiel, auf den erzbischöflichen Stuhl von Mainz erhoben. Jetzt legte er als erster Bischof von Deutschland die Abtswürde nieder und der König nahm seine Resignation an, den Mönchen die Wahl eines andern Abts anheimstellend; diese wählten

---

güter an, worunter sich die Villa Reidingen befand. In dieser Villa hielt er sich auf, und wollte er sich recht unterhalten, so gieng er auf die Entenjagd bei Pfohren. Da liegt ein altes Schloß, die Entenburg (vom Volke Entenfang genannt) die ebenfalls zu Reidingen gehört haben soll; es fragt sich aber, ob dieses merkwürdige Gebäude nicht erst von Kaiser Max, der einst beim Grafen Wolfgang von Fürstenberg dort einige Tage der Jagd oblag, den Namen Entenburg im Scherz erhielt. — Auf jener Villa, jetzt Pfalz genannt, wie man sie jedesmal hieß, wenn ein Kaiser oder König sie bewohnte, starb nun der Kaiser, nicht aber war er bei einer Wasser- oder Entenjagd — wie die Sage geht — im Sumpf erstickt. Die Villa, Pfalz Reidingen, selbst erhob sich nachher zu einem Dorf und Pfarrort, und dieses Pfarrdorf Reidingen liegt an der Donau, zwischen Geisingen und Hüfingen, da, wo sonst das Cistercienser-Nonnenkloster Marienhof war, das alsdann eine Taubstummenanstalt und nachher Rettungshaus für verwahrloste Kinder wurde, bis die Gebäulichkeiten 1860 abbrannten. Jetzt steht die neue Gruftkirche der Fürsten von Fürstenberg an der Stelle des Klosters.

jedoch nochmals den Hatto, und indem dieser die Abtswürde annahm, bestätigte ihm auch wieder der König. Jezt bestätigte Arnulph dem Kloster auch noch alle Besizungen und Rechte, die es bisher erlangt hatte, besonders die freie Wahl eines Abts.

Hatto, nun Bischof und Abt, war mit gleicher Liebe sowohl für das Kloster als für sein Erzbisthum besorgt. Dies gefiel dem Könige und er ertheilte ihm als Beweis seines Wohlwollens bald eine Auszeichnung, wie sie keinem Abt bisher zu Theil wurde. Als nämlich Arnulfs Gemahlin Uta 893 dem Könige einen Sohn gebar, Ludwig mit Namen, wählte der König den Hatto sogar zum Taufpathen und nannte ihn von jezt an in allen Urkunden, die er für die Au ausstellte: „lieber Gevatter."

Dann, als Arnulph 896 gegen Lambert und Berengar einen Heereszug nach Italien that, die Stadt Rom einnahm und den Papst Formosus wider die Gewalt seiner Feinde vertheidigte, wobei Hatto dem König treu mithalf und dieser vom Papst zum Kaiser gekrönt worden war, verlieh Formosus dem Hatto als Zeichen besonderer Anerkennung nebst andern vornehmen Heiligthümern sogar das glorwürdige Haupt des großen Martyrers Georg. — Von nun an hatte Hatto einen so großen Einfluß beim Kaiser, daß dieser kaum Etwas im Reiche that, ohne den Abt und Erzbischof Hatto zum Rathe und zur Zustimmung beigezogen zu haben; er wurde daher gewöhnlich nur das Herz des Königs genannt. In dieser Gunst des Königs verhalf er dem Grafen Salomon von Ramschwag, seinem Freunde zum Bisthum Konstanz, welcher als Salomon III. in der Geschichte erscheint. Dieser Bischof erwarb beim Papste die Erlaubniß, daß sich die Pfarrherren und Geistlichen in die Städte hinter die Mauern ziehen durften, um sich den Ansprüchen und Anfeindungen des Adels und der Ritterschaft zu entziehen. Dadurch zerfielen jedoch viele schöne und herrliche Kirchen auf dem Lande, weil die

Pfründen in die Städte gezogen wurden. So wurden Tägerwylen und das Filial Alterschwyl nach St. Paul in Konstanz, und Ermatingen mit Mannenbach und Triboldingen an die Reichenau gezogen ꝛc., während Pfyn mit den Filialen Mühlheim und Felben an das Münster in Konstanz kamen ꝛc.; viele Kirchen der Abtei Reichenau, die von ihr dem Kloster St. Gallen entzogen wurden, wieder an Wyl und an das Kloster St. Gallen zurückkehrten. — Nun (900) starb der Kaiser; was jedoch Hatto bei Arnulph gegolten, das galt er nicht weniger bei dessen Sohne Ludwig, der ebenfalls dem Kloster seine Begünstigung zuwand.

Nur ein böser Zug fällt auf den sonst so edlen Charakter des Abts und Erzbischofs Hatto. Adalbert (Albert) Graf von Babenberg hatte nämlich König Ludwigs Bruder den Herzog Konrad von Franken erschlagen. Er wurde vom Könige mit Krieg überzogen. Ludwig belagerte ihn und da er nichts gegen ihn ausrichten konnte, kam Hatto zum Grafen auf seine Feste Altenburg nächst Bamberg und heuchelte die Absicht, als wolle er ihn mit dem Könige aussöhnen, indem er zu ihm sprach: „er solle mit ihm zum Könige ins Lager; sollte eine Aussöhnung nicht zu Stande kommen, so gelobe er ihm, ihn wieder wohlbehalten auf seine Burg und Veste zurückzubringen." Adalbert traute dem Erzbischof und verließ mit ihm die Burg. Als sie die Brücke passirt und den Berg hinab gehen wollten, meinte jedoch der Erzbischof, man könnte wieder umkehren und vorher das Frühstück zu sich nehmen, weil sich die Friedensverhandlung länger hinausziehen möchte. Sie kehrten um, nahmen im Schlosse den Imbiß, und stiegen erst dann in das Lager des Königs hinab. Nun wurde aber der Graf auf Befehl desselben ergriffen und als er den Erzbischof an sein Versprechen ermahnte, ihn wohlbehalten auf seine Burg zurückzuführen, gab ihm dieser zur Antwort: „es sei ja geschehen; er habe ihn zum Imbiß wieder zurückgeführt; daß er nicht auf der Veste geblieben, sei seine eigene Schuld." Der Graf wurde enthauptet und seine Güter zur königlichen Kammer gezogen, bis sie nachher an's Bisthum Bamberg kamen. Diese Handlung ist der einzige Makel, der dem Erzbischof anklebt, aber auch so sehr an ihm klebt, daß diesen Flecken seines Charakters Grab und Zeit nicht auszulöschen vermögen.

Für die Au hatte sich der Abt Hatto III. dadurch im Andenken erhalten, daß er 888 die obere Zelle und Kirche baute, die, nachdem sie das Jahr darauf von Arnulph mit ansehnlichen Einkünften und Renten von den Besitzungen zu Donaueschingen, Suntheim, Ußheim, Bachinach und Wigaltingen in der Grafschaft Scheer (später Landgrafschaft Baar) beschenkt worden, durch den Abt auch noch zu einem Collegiat-Stift (Probstei) mit 6 weltlichen Chorherren erhoben, und zulezt als er aus Italien zurückkehrte, sogar mit dem Haupte des christlichen Feld- und Kriegspatrons, des hl. Märtyrers Georg, vergabt worden war.

Die Stadt Venedig glaubt zwar, daß das Haupt des Martyrers in dem Benediktinerkloster ad St. Georgum majorem daselbst aufbewahrt werde, allein bedenkt man, daß die Venetianer ihr Heiligthum, ohne zu wissen, wie? — erst 1462 aus der griechischen Insel Aegina bekamen, während das Haupt des hl. Georg entweder schon im 4. oder wenigstens 5. Jahrhundert in die Lateranische Kirche zu Rom überbracht und da viele Jahre lang aufbewahrt wurde, und dann 751 von Papst Zacharias unter zahlreicher Begleitung und Prozession in die von Papst Leo II. zu Ehren des hl. Georg erbaute Kirche übertragen worden war, so ist wohl kein Zweifel, heißt es in dem „Triumphale Silentium" *) daß das Haupt des

---

*) **Triumphale Silentium**, d. i. Siegprangendes Stillschweigen oder heilsame Bruderschaft zur Ausreitung der Grundbösen Gewohnheit zu schelten, fluchen, schwören und sakramentiren. Neu aufgerichtet unter dem Namen des großen Ritters und Martyrers Georgij zu Oberzell in der Insul Reichenau 1727.

Costanz, gedruckt bei Leonhard Parcus. Hochfürstl. Bischöfl. Hof-Buchdr. 1727.

großen Heiligen wirklich aus dem Welschland nach Deutschland gekommen und in das Gotteshaus Oberzell übersezt wurde.

Die Kirche selbst, sonst nach dem Stifter Hattoszell, und jezt die Kirche zum St. Georg in Oberzell genannt — ist ein höchst sehenswerthes Baudenkmal; denn es ist ziemlich wahrscheinlich, daß Hattos Bau großen Theils noch in dem gegenwärtigen Kirchengebäude erhalten ist. Lieblich nimmt sich besonders die unter dem Chor befindliche Krypta oder unterirdische Kapelle aus. Die ganze Kirche war auch gemalt und zwar recht hübsch, ganz nach dem Charakter dessen, was das Bild darstellte; denn das Mittelalter, in dem die Malerschule mit der Steinhütte Hand in Hand gieng, und welches den ruhenden Funken der Kunst zu wecken wußte, erreichte dieses nur dadurch, daß es das, woraus das Bild bestand, und als das, wozu es diente, charakteristisch zu zeigen und in schöner Form vor's Auge zu führen bestrebt war. Man gestattete jedem einzelnen Theile zum schönen Ausdruck des Ganzen mitzuwirken, und indem man dadurch die Kunst und das Handwerk ehrte, daß sie sich da glänzend zeigen konnten, wo sie einen zum Ganzen gehörenden Theil zu liefern hatten, hob man dieselben. Man schämte sich nicht des Materials, das man verarbeitete, und wandte seinen Scharfsinn nicht dazu an, es als ein Anderes darzustellen, sondern es schön zu gestalten. Auch betrachtete man keinen Konstruktionstheil als ein nothwendiges Uebel, das man verdecken oder so gestalten müsse, daß Niemand merke, was es eigentlich sei, sondern man suchte das, was man brauchte, als einen zum Begriff des Ganzen wesentlichen Theil soweit hervorzuheben, als es die Gesammtanordnung gestattet, und bildete ihn dann in schöner Form und in dieser Grenze so aus, daß er gerade das charakteristisch zeige, was er sei und wozu er diene.

Noch sieht man am Eingang aus der Vorhalle zur Kirche — die Treppe hinauf — Fresken aus der Zeit der

Erbauung, und auf der Innenseite der Emporbühne Malereien aus späterer Zeit.

Das **Patrocinium** der Kirche zu Oberzell ist am 23. April.

Endlich soll unter Abt Hatto III. durch einen gewissen Simeon, Barbo genannt, auch noch ein Krug von der Hochzeit zu Cana in Galiläa auf die Reichenau gekommen sein.

Barbo war nämlich Fürst von Achaja in Griechenland und kaiserlicher Feldherr. Weil er beim Kaiser in Konstantinopel in großen Ehren stand, bekam er viele Neider; er wurde darob verstimmt, entschlug sich seiner Ehren und Würden und wählte die Einsamkeit. Der Patriarch zu Jerusalem machte ihn zum Vorsteher eines Klosters und beschenkte ihn mit dem Kruge. Wie ihm dieses kostbare Geschenk durch Diebe gestohlen wurde, verließ er das Kloster und reiste in der Welt zur Nachforschung herum. Er kam auch auf die Reichenau, und was er an so vielen Enden und Orten vergebens gesucht hatte, fand er — hier. Der Krug kam durch verschiedene Schicksale 910 hieher und wurde von Abt Hatto aufbewahrt. Wie Barbo den Krug fand, blieb er im Kloster, ließ sich in den Orden St. Benedikts aufnehmen, führte ein sehr frommes Leben, schenkte sein Kleinod dem Kloster und starb 926.

Der Abt und Erzbischof Hatto dagegen starb schon am 15. Mai 913, nachdem er bei 22 Jahre dem Erzbisthum Mainz und 25 Jahre der Abtei rühmlich vorgestanden war.

§. 13.

Abt Heribrecht oder Herbrecht.

Verbringung des hl. Blutes mit Kreuz-Partikel auf die Reichenau.

Wir kommen nun auf einen Gegenstand, der für die Reichenau von höchster Wichtigkeit ist und — wie zu Weingarten — noch jetzt jährlich das größte Fest verursacht.

Es ist der kostbare Schatz des hl. Blutes Christi.

Seine Geschichte knüpft sich zwar an die Kaiserwürde Karls des Großen und an seinen Aufenthalt in Italien, beginnt also mit dem Jahr 800; weil aber das Heiligthum erst 925 auf die Au kam, so kommen wir jetzt erst darauf zu sprechen. Die Geschichte lautet nach Mone wie folgt:*)

Hassan oder Azan, Befehlshaber zu Huesca, hörte von den Tugenden, vielen Heldenthaten und den Schlachten des Kaisers Karl, was in ihm den sehnlichsten Wunsch erregte, mit dem Kaiser persönlich zusammen zu kommen; er schickte deßhalb 799 Gesandte nach Rom an den Papst Leo III., und bat ihn um seine Unterstützung, damit er mit Karl zusammen kommen könne. Dabei versprach er, dem Kaiser einen unvergleichlichen und so kostbaren Schatz zu bringen, wie weder er selbst, noch sein Vorgänger je hätten einen erwerben können, und aus den überseeischen Ländern nie etwas ähnliches in's Frankenland gekommen sei. Der Papst schickte eine Botschaft nach Aachen, wo der Kaiser sich damals aufhielt, und ließ ihn bitten, diesem Verlangen Hassans zu entsprechen; allein der Kaiser gab dieser Aufforderung keine Folge. Betrübt schickte der Papst eine zweite Gesandtschaft an ihn und ließ ihm sagen: „Wenn du derjenige wärest, für den dich die ganze Welt hält, und dich auf dem Erdenrund sehr verherrlicht, so hättest du sogar dein Leben der Gefahr aussetzen müssen, um einen so kostbaren Schatz zu erhalten." Diese Rede machte Eindruck auf den Kaiser und er zog nach Rom.

Hassan machte sich ebenfalls auf die Reise, den erwähnten Schatz mitnehmend und gelangte nach Corsika. Da erkrankte er

---

*) Quellensammlung der badischen Landesgeschichte. F. J. Mone. Karlsruhe bei G. Mallot 1848, I. Band Seite 69—77.

Dann: „Andachtsübung von und zu dem hochheiligen Blut und Kreuz Jesu Christi in dem Hochfürstlichen Reichs-Gotteshaus Reichenau." Konstanz bei M. Wagner. 1789. Seite 4 bis 30 (Vorbericht ꝛc.)

aber gefährlich und konnte die Reise nicht fortsetzen. Er schickte nach Rom und ließ den Kaiser bitten, zu ihm zu kommen. Der Kaiser wollte sich jedoch der Gefahr einer Seereise nicht aussetzen, sondern rief seine Räthe und Getreuen zusammen und berieth sich mit ihnen, wen er absenden solle. Die Wahl fiel auf Eginhard; dieser und die Andern lehnte sie ab.*)
Nun kamen nach drei Tagen in einer Unterredung der Abt Waldo von Reichenau (Beichtvater des Kaisers) und der Graf **Hunfriet** von **Churwalen** und **Istrien** mit einander überein, die Reise nach Corsika zu unternehmen. Der Kaiser erfreut über dieses Anerbieten, gab ihnen herrliche und kostbare Geschenke nebst einer großen Geldsumme, um sie Hassan zu überbringen. Die Fahrt nach Corsika gieng glücklich von Statten und sie überbrachten die Geschenke.

Hassan nahm die Geschenke, war aber betrübt, daß er den Kaiser selbst nicht sehen und sprechen konnte, doch übergab er den hochheiligen Schatz den Gesandten, um ihn dem Kaiser zu überbringen. **Es war eine Flasche von Onyx mit dem Blut des Erlösers gefüllt, und ein Kreuz aus Gold und Edelsteinen, welches das Blut Christi und in der Mitte ein Stückchen vom Kreuze des Herren enthielt.** In glücklicher Fahrt — welche der Verfasser der Legende dem Schutze des hl. Schatzes zuschreibt — gelangten Waldo und Hunfrit nach Sizilien, wo der Erstere im Kloster der hl. Anastasia mit dem Schatze zurückblieb; der Andere aber zum Kaiser nach Ravenna eilte, und ihm über die Reise und deren Erfolg Nachricht gab. Jezt brach der Kaiser voll Freude mit seinem Gefolge auf; sie legten barfuß den Weg nach Sizilien zurück, und da nahm dann der Kaiser mit größter Frömmigkeit den Schatz in Empfang.

---

*) Die Weigerung der Leute Karls nach Corsika zu reisen, geschah deßhalb, weil die Mauren im Mittelmeere damals starke Seeräuberei trieben.

Hierauf hielt er mit den Ersten seines Gefolges eine Berathung, wie Walbo und Hunfrit zu belohnen seien; er forderte sie auf, sich von ihm etwas auszubitten. Walbo bat um Privilegien für sein Kloster Reichenau und erhielt sie; Hunfrit dagegen, schon bejahrt, wollte keine weltliche Belohnung, sondern sagte: „er müsse an das zukünftige Leben und nicht an zeitliche Ehre denken;" und erbat sich so vom Kaiser das Kreuz mit dem Blute Christi. Der Kaiser nahm zwar anfangs die Bitte ungnädig auf; allein um sein kaiserliches Wort zu halten, überließ er ihm das Kreuz. Als er den so wichtigen Schatz erworben hatte, baute er im Jahr 801 das Kloster Skemines (Schänis) *) und stellte das heilige Kreuz im Tempel daselbst auf. Nach Hunfrits (823) Tode kam das Kreuz mit dem übrigen Vermögen in den Besitz seines Sohnes Adalbert. Dieser verlor 824 Chur und Rhätien durch Ruodpert, Vasall des Kaisers Ludwig, mußte fliehen und nahm nur das Kreuz zu seinem Bruder Burkart nach Istrien mit; da sammelte er ein Heer, zog 825 gegen Ruodpert, auf den er bei Zizers stieß. **) Adalbert griff ihn an, und das hl. Kreuz, das er bei sich trug, verschaffte ihm den Sieg. ***)

Nach Adalbert († 846) kam das Kreuz in den Besitz seines Sohnes Ubalrich und von Ubalrich († 883) an seine Tochter Hemma (vermählt mit Arnold, einem Grafen von Lenzburg) welche es noch bei ihren Lebzeiten ihrem Sohne Ubalrich übergab. ****)

---

*) Das ehemalige adelige Stift und Kloster S ch ä n i s oder S ch e n n i s liegt zwischen dem Züricher- und Wallenstadter-See, nördlich von Wesen.

**) Zizers ist ein Dorf (Flecken) zwischen Maienfeld und Chur, auf einem Hügel, mit einem Schloß und einem alten Thurm, welche den Grafen von Salis-Zizers gehören.

***) Ruodpert, welcher bei Zizers 825 starb, wurde auf Anordnung Adalberts im Stifte Lindau begraben.

****) Graf Arnold von Lenzburg starb 911; Hemma am 16. April 915 und ihr Sohn Ubalrich 940.

Nun wünschte ein gewisser **Waltharius**, Graf von Ky=
burg, auch Waltherius genannt, und seine Gattin Swa=
nahilt (Suanahilda), welche beide sehr fromm waren, in
den Besitz des unschätzbaren Schatzes zu kommen. Es traf
sich, daß der nämliche Udalrich um ihre Tochter warb. Sie
erhielten das Kreuz und bewahrten es in der dazu erbauten
Kapelle der Burg. Dann am Ende ihres Lebens gelobten
sie, es nach ihrem Tode in das Kloster Reichenau bringen
zu lassen, wo Swanahilt einen Bruder hatte.

Es ereignete sich aber, daß Swanahilt in das Kloster
Reichenau und nach Zurzach eine Wallfahrt machte. Ohne
ihr Wissen nahm ihr Kaplan das hl. Kreuz mit und sagte
es ihr erst in Mindersdorf. *) Im Kloster Reichenau, wo
sie ehrenvoll empfangen wurde, ließ sie dann Abends ein
Licht vor das Kreuz stellen. Dies sahen die Herren und
erkundigten sich, was das für ein heiliger Gegenstand sei;
sie sagte: „es seien etwelche Reliquien von Heiligen, die
sie immer zu Hause und auf der Reise bei sich habe,"
und wollte nicht einmal ihren Bruder Udalrich, der Pfört=
ner des Klosters war, eine Eröffnung machen; erst als die
Klostergeistlichen immer mehr in sie drangen, offenbarte sie
das Geheimniß. Jetzt brachten dieselben das Heiligthum in
das Haus der seligsten Jungfrau Maria. Am andern Tage
schickten sie eine Gesandtschaft von 5 **Patres**, unter denen
auch Udalrich war, zu Swanahilt und baten sie bringendst,
das Kreuz in ihrem Tempel zu lassen, wo sie es fortwäh=
rend durch Gebet verehren würden. Die Frau hörte jedoch
diese Bitte sehr ungern; sie sagte: „sie könne das Kreuz
nicht zurücklassen, indem sie es ohne Wissen und Befehl ih=
res Mannes nicht thun dürfe; zudem sei sie durch einen
Eid gebunden, daß sie es, so lange sie lebe, nicht aus ihren
Händen lassen werde; sie hätte übrigens gelobt, es sogleich

---

*) Mindersdorf ist ein sigmaringisches Dorf zwischen Steckach und Meßkirch.

nach ihrem Tode der seligsten Jungfrau Maria zu widmen;" — daher nahm sie das Kreuz zur großen Betrübniß wieder zu sich und dann fort. Nun reiste sie nach Zurzach. Als sie in Erchingen *) übernachtete, wurde sie Nachts von einer heftigen Krankheit überfallen. Man glaubte, sie sterbe. Da trat Einer aus ihrem Gefolge, Tougolf, zu ihr und stellte ihr vor, daß nur die Zurückweisung der Bitte der ehrwürdigen Brüder die Ursache ihrer Schmerzen sein könne. Swanahilt ließ daher das Kreuz noch in der Nacht nach Reichenau zurückbringen. Die Gesandten kamen am Morgen früh im Kloster an und sogleich wurde der kostbare Schatz in die Kapelle des hl. Kilian gebracht. Dann wurde der ganze Vorfall einem Bruder erzählt. Dieser theilte es Andern mit und zulezt wurde eine feierliche Prozession veranstaltet und das heilbringende Kreuz von Ubalrich auf den Wunsch seiner Schwester auf den Altar der hl. Maria gestellt. Alsdann beschloß man für alle Zukunft den Tag, an dem das Kreuz nach Reichenau gekommen, jährlich festlich zu feiern. Es war das Jahr der Menschwerdung Christi 925, am 7. November.

Swanahilt selbst wurde, während das Heilthum in die Au verbracht ward, wieder gesund — und kam glücklich nach Zurzach; ja, als sie auf dem Rückwege wieder nach Reichenau kam, bestimmte sie sogar, daß das hl. Kreuz für immer dort verbleiben sollte. Auch ihr Gemahl war, wie er nach ihrer Ankunft zu Hause den Verlauf der Sache erfuhr, beruhigt und machte nachher selbst noch eine Wallfahrt zum Kloster Reichenau.

Das hl. Blutfest ist auf Reichenau jährlich am Montag nach Dreifaltigkeitssonntag.

---

*) Langdorf, ehemals Langen-Erchingen genannt, ist ein Dorf bei Frauenfeld im Canton Thurgau.

§. 15.
Abt Witego, Witegow oder Wittigow.
Ausschmückung des Münsters.

Dieser Abt that sehr viel für's Kloster. Er beförderte die Wissenschaften, vermehrte die Bibliothek, ließ Güter, die während stürmischen Zeiten verheert und zerstört wurden, wieder herstellen und solche, welche dem Gotteshause entrissen worden waren und auf unrechte Weise in andere Hände kamen, wieder an dasselbe verbringen, und machte sich durch Erbauung von Altären, Ausschmückung des Münsters und Verschönerungen um das Kloster herum verdient.

Die Kapellen, welche er bauen ließ, waren: die Januariuskapelle mit 2 Altären (St. Stephan und St. Laurenz), die Pirminiuskapelle, die Bartholomäuskapelle; die Erasmuskapelle erweiterte er, indem er die Herakleuskapelle damit verband. — Dann baute er einen Altar zu Ehren St. Michaels und St. Othmars, einen Altar zu Ehren der hl. Maria und des hl. Kreuzes, und verzierte andere Altäre mit Gold, Silber, Gemälden und Edelsteinen. — Im Münster selbst ließ er mehre Säulen und Gewölbe errichten, eine neue Kanzel fertigen und über dem Chor einen kleinen Glockenthurm bauen; auch erneuerte er den Kreuzgang und ließ zwischen dem Münster und St. Johann einen Garten herstellen und mit einer Mauer umgeben. Kurz er war während seiner ganzen Regierung sehr thätig; er starb 998.

§. 16.
Abt Berno oder Bernard.
Erweiterung des Münsters.
Hermann Contractus

Abt Berno wurde 1008 von Kaiser Heinrich II. aus dem Kloster Prüm (in Rheinpreußen), wo er Abt war, auf die Reichenau berufen. Als Abt der Reichenau erhielt er alsdann für sich und seine Nachfolger von Papst Johann XIX. von allen Aebten das Recht, an Festen die bischöflichen Kleider und Insignien (Sandalen) zu tragen und die Abtsweihe in Rom zu empfangen. — Aber was seine Regierung besonders auszeichnet, ist: daß er, wie Abt Witegow, die Künste und Wissenschaften pflegte, die Bibliothek mit vielen Werken und Handschriften bereicherte, die Rechte seines Klosters gegen den Bischof von Konstanz vertheidigte und das Münster vergrößern und renoviren ließ, so daß es gleichsam ein Neubau wurde. Dann ließ er eine neue St. Markus-Kapelle in der Münsterkirche herstellen. — Der Einweihung wohnte der Kaiser Heinrich III. an. — Auch erwarb er die Mägdeburg im Hegan. — Der gelehrte Abt, zu dessen Zeit nur Fürsten, Grafen und Freie als Religiosen im Kloster waren, und welches damals wohl den Gipfel seiner Größe erreicht haben mochte — starb am 7. Juni 1048. Unter ihm lebte der berühmte Mönch **Hermannus Contractus.**

Hermann der Lahme (Contractus) selbst wurde am 13. Juni 1013 geboren. Sein Vater war Wolfrad II. Graf von Vehringen im Lauchert-Thale und seine Mutter Hiltrube, Erbtochter des lezten Grafen von Trauchburg zu Sulgau. Schon von Jugend an war Hermann an allen Gliedern gelähmt, und mußte immer in einem Tragsessel sitzend von seinem Diener da und dorthin getragen werden, wenn er sich mit etwas beschäftigen wollte; dagegen war er kräftig am Geiste vor allen Männern seines Jahrhunderts. Aufgemuntert, von dem frommen und gelehrten Abt Berno, trat er ungefähr in seinem 30. Jahre in den Benediktiner-Orden auf der Reichenau und erwarb sich da durch seine Bescheidenheit, Mäßigkeit, Enthaltsamkeit und durch sein ehrbares gottseliges Leben bald die Bewunderung aller Mitglieder des Klosters; besonders aber erwarb er sich als Ge-

lehrter und Musiker einen ausgezeichneten Rang, dessen
Werke noch immer alle Anerkennung genießen; namentlich
machte er sich um die deutsche Geschichte sehr verdient. Von
ihm soll auch die herrliche Antiphon, das **Salve Regina** zur
Verherrlichung Marias herrühren, welcher der hl. Bernard
noch die Worte: o clemens, o pia, o dulcis virgo Maria
beisetzte, wodurch die Antiphon unsere heutige Form er=
hielt. Er verstand lateinisch, griechisch, arabisch. Dieser
große Gelehrte und Musiker starb am 24. September 1054
und wurde auf seinem väterlichen Gute Altschausen (Aless-
hausen, Aleßhausen, Alschausen, Altshausen, Altschausen
in Württemberg, Oberamts Saulgau) in der Gruft der
St. Ulrichskapelle beigesezt.

Sein Bruder Werinhar (geb. 1021) dagegen, ebenfalls
Klostergeistlicher auf der Reichenau, machte in Begleitung
eines andern dortigen Mönchen, Namens Luitharius eine
Wallfahrt nach Jerusalem zum hl. Grabe, starb in Palästina
und wurde auf dem Acker Hackelbama begraben.

§. 17.

Abt Ulrich I.

Dieser Abt erhielt das Privilegium, welches schon dem
Abt Johann I. zu Theil wurde, nämlich: „daß das Kloster
Reichenau nur allein unter dem römischen Stuhle stehen und
der Abt blos von der päpstlichen Hand geweiht werden
solle" — von Papst Leo IX. jezt urkundlich ausgestellt; ja
Papst Leo IX. (ein geborner Graf von Egisheim und Ver=
wandter des Grafen Eberhard von Nellenburg) kam, als
er seine deutsche Heimath im Herbste 1049 besuchte, sogar
selbst auf die Reichenau, wo er am 21. November 1049
die Kreuzkirche (St. Adelbert) auf der Ergat einweihte. *)

---

*) Papst Leo IX. besuchte dann noch zweimal Deutschland 1850/51 und 1052/53.

Auch Kaiser Heinrich IV. kam 1065 auf die Insel. Dieser stellte dann das durch Verschleuderung von Gütern, durch Eingriffe der Schirmvögte und sonstige ungünstige Zeitverhältnisse tief herabgekommene Kloster wieder her und sicherte seine Besitzungen und Gerechtsame.

Abt Ulrich starb 1070.

§. 18.

Abt Ekkehard II.

Unter diesem Abt war das Kloster in einem noch traurigern Zustand. Die Wissenschaften lagen darnieder, die Klosterzucht war verschwunden, die Kirche vernachlässigt, der Gottesdienst gleichgültig gehandhabt und wie im Reiche, wegen Spaltung zwischen geistlicher und weltlicher Macht Partheiungen entstanden und Kriege die Länder verwüsteten — so herrschte auch Unfriede und Verwirrung auf der Reichenau. Die schönen Zeiten des Klosters, wo Frömmigkeit und Bruderliebe den Impuls zu allem Großen und Schönen gab, — sie waren dahin. Das Einzige, was der Abt that, war: daß er das vom Kaiser Otto III. 999 für den Flecken Allensbach bewilligte Markt- und Münzrecht wieder herstellte, das in den stürmischen Zeiten in Verfall kam. Er starb am 4. November 1088.

§. 19.

Abt Diethelm I.

Erst unter ihm kamen wieder bessere Zeiten. Er, der auch Bischof von Konstanz war, brachte es dahin, daß die Conventherren wieder dem Studium und der Kirche eifrig oblagen, sich gegenseitig an die Hand giengen und die Schulen aus ihrem Zerfall erhoben. Er hieng zwar den Hohenstaufen an, weshalb ihm Herzog Philipp die Regierung über das

Herzogthum Schwaben während seiner Abwesenheit in Italien übertrug; aber nichts desto weniger erwies er auch dem Papste die schuldige Ehrfurcht. Er wirkte auf der Versammlung zu Mühlhausen 1198 zur Wahl Philipps als deutsches Oberhaupt mit, war 1199 zu Straßburg und Worms, 1200 zu Speyer und Straßburg, 1201 zu Bamberg, 1205 zu Eßlingen und überall war er wegen seiner Einsicht, Frömmigkeit und Redlichkeit geliebt und geachtet. Er starb betrauert den 10. April zu Konstanz, wo er in der Domkirche begraben wurde.

§. 20.

Abt Heinrich I.

stand ebenfalls dem Gotteshaus würdig und segensvoll vor. Er ließ das Münster renoviren und ausbessern; erkaufte 1215 die Gerichtsbarkeit der Kirche zu Schienen von dem Herzoge von Tek und gewährte dem Abt Berthold von Weingarten, nachdem dieses Gotteshaus 1215 abbrannte und die im Altar befindlichen Heiligthümer des hl. Martin mitverbrannten — einen Theil der Reliquien aus dem Münster der Reichenau. Der Abt selbst war ein Freund und Beförderer der Wissenschaften und verfaßte sogar eine Lebensbeschreibung des hl. Pirmin (Vita St. Pirminii). Er regierte 28 Jahre und starb 1234.

§. 21.

Abt Konrad.

Klosterbrand.

Dieser Abt hatte wieder eine schlimme Zeit. Zum Unfrieden im Reich, zu den Widersetzlichkeiten in der Stadt Ulm, das von Kaiser Karl dem Großen an das Gotteshaus Reichenau vergabt wurde, zu dem Streit Kaisers Friedrich II. mit den Päpsten Gregor IX. und Innocenz IV., wodurch überall die Flamme und das Schwert des Krieges wüthete — brannte auch noch im Winter 1254 das stattliche und umfangreiche Kloster ab, das einst bei 1600 Köpfe in seinen Mauern zählte. Auch die Kirche wurde dabei beschädigt, bei deren Wiederherstellung die Kilianskapelle verschwand, so daß ihr Platz ganz unbekannt geworden war. Ueberhaupt sah es in der Reichenau jetzt höchst traurig aus.

Ein schönes Gedicht des Abts giebt uns ein Bild von diesem so betrübten Zustand. Es lautet:

Augia regalis,	O königliche Au!
Dives quandoque fuisti,	Schön warst du ehedem, reich und blühend,
Nunc talis qualis,	Jetzt aber, welches Bild stellst du uns dar,
Quia plurima damna tulisti.	Wo du so viel, so schwer gelitten.
Augia regalis,	Erlauchte, königliche Au!
Tu per multos tribulata,	Von Vielen bist du angefochten
Sed foecunda malis,	Und trinkst des Leidens bittern Kelch,
In multis delibitata.	Vermissend deine Blüthe.
Augia sublimis,	Du edle, hocherhabne Au!
Te primitus annihilavit	Dich traf zuerst des Winters Flamme
Flamma duplex hyemis,	Und wollte dein Verderben;
Hinc vis te praecipitavit,	Dann kam die Hand der Mächtigen.
In captivato pastore	Und als dein Hirt gefangen saß,
Tuo doluisti;	Da fühltest du noch mehr des Schmerzes Qual;
Et male tractato	Denn die Mißhandlung, die er trug,
Sibi recompassa fuisti.	Ergriff auch dich.
Tollunt impavidi,	Jetzt kommen gar die Frechen:
Primoque ministeriales	Voran die königlichen Diener,
Incumbunt avidi;	Und fallen gierig auf dich ein;
Post raptores generales	Sie nehmen wie gemeine Räuber,
Res tibi collatas	Was die thätige Hand
A principibus reverendis,	Verehrter Fürsten dir gesammelt,
Sorbent sublatas	Und, indem sie nur auf Genuß ausgehen,
Ac insidiantur edendi.	Verzehren sie das dir Geraubte.
Hi defensores	Sie, die ehemals dehmuthsvoll
Humiles quandoque fuerunt,	Sich deine Beschützer nannten, —
Nunc se raptores	Sie haben jetzt in tollem Wahn
Crudeles constituerunt.	Als Räuber sich erwiesen. —
Lis tibi Papalis	Ein unheilvoller Kampf mit dir, dem Papst,
Quo deposuit Fridericum,	Seit Friederich den Thron bestieg,
His conjuncta malis:	Gesellt sich noch zu diesem Leid.
Noluit super hoc inimicum	Und nur wollt' jener nicht, daß der,
Et contemptorem	Der schnöd' und frevelhaft
Fidei sacrae violentum,	Den heil'gen Glauben höhnt,
Reddere commissum	Das anvertraute Gut ihm zurück gebe,
Sibi dum negat ipse talentum.	Der selber sagt, daß ihm die Macht dazu gebricht.
Haec sunt, sed plura	O bejammernswerthes Loos! — Du traurest Au!

Laedente te, tamen illa	Und doch erträgt noch mehr als du
Maxime et urbs Ulma	Die Stadt, die Ulm sich nennt
Tua quondam regia villa,	Und dir als königliche Villa einst gehörte.*)
Cur non moeres	Ja klage nur!
Opibus quae plena redundabas	Denn reich an Gut warst ehmals du —
Dico lactuster:	Und rufe laut:
Defle nunc Augia mater,	Bewein' dein Loos, o Mutter Au!
Da studium Christo,	Nur Christo weihe darum dein Bestreben,
Ne nos fortuna sinistro	Damit das Unglück
Cum pede prosternat,	Nicht gar ganz dich trifft
Nobis et gaudia demat.	Und uns die letzte Freude raube.
Nam pietate sua	Sieh' nur, wie Alles sich
Sic dissonantia remota,	In seiner Lieb' so schön gestaltet,
Omnibus et terra	Und Alles, was die Erde in sich faßt,
Speciali pace quiestis,	Nur Ruh' und Frieden bietet.
Libertate potens	So schling' auch du, an Blüte stark,
Terrenna negotia spernens.	Nicht achtend das eitle, irdsche Treiben —
Solius Domini tantum	Des Himmels Liebesband um dich,
Sociaris amore,	Und strebe eifrig
Servicioque sacres	Und mit kindlich frommem Sinn
Fervens devota Mariae.	Maria, der Gottesmutter, nur zu dienen. —

Der Abt Konrad selbst starb vor Kummer über das so große Elend am 22. Juni 1255.

§. 22.

Abt Burkard.

Auf den frommen und gelehrten Abt Konrad folgte Abt Burkard, ein Freiherr von Hewen. Unter ihm war der Zustand des Klosters ebenfalls noch traurig. Die adeligen Conventualen, an ein üppiges Leben gewöhnt, wurden verdrüßig, und da er, ungeachtet er den Flecken Zurzach um 310 Mark Silber an das Bisthum Konstanz verkaufte, sie noch nicht befriedigen konnte, wollten einige Partheigänger ihn sogar ermorden. Er entging zwar der Gefahr, aber die entarteten Klosterherren verwüsteten dafür die Insel. Um Ordnung herzustellen, wurde die Administration über die Reichenau von Papst Alexander IV. dem Abte Berthold von St. Gallen anvertraut, und es ist ihm zu verdanken,

---

*) Siehe über Ulm den §. 30 der Geschichte des Klosters.

daß er dem Unheil Grenzen sezte und den Uebermuth der Religiosen brach; vollends aber konnte auch er dem Kloster nicht aufhelfen.

Der Abt selbst resignirte und starb 1261. Dann folgte

§. 23.
Abt Albert oder Albrecht.

Seine Regierung zeichnete sich vorzüglich durch Tausch, Verkauf und Vergabungen aus. So z. B. vertauschte er 1264 von Schloß Sandeck aus ein reichenauisches Haus zu Ulm an den Abt Eberhard von Salem. 1267 verkaufte er den Weinberg Mannenwerk bei Bernang. 1277 verleiht er auf Schloß Sandeck dem Domdekan Walko zu Costenz einige Güter nebst Hof (Schuppose) zu Staab und zu Alminsdorf (Allmensdorf) für den Pelagi=Altar am Münster, und Güter zu Egg ꝛc. an verschiedene Personen — gegen Lieferung von Wachs.

Auch löste er wegen Streitigkeiten mit den Edeln von Friedingen von diesen wieder die Kirchenvogtei und den Kell=hof zu Radolfszell aus.

Der Haupttausch aber war mit dem Deutschorden, indem er ihm für näher gelegene Besitzungen, so die Ritter Eberhard und Hiltipold von Stekborn dem Orden vergabten, dafür die Insel Mainau, Lützelstetten, Dingelsdorf u. s. w. überließ.

Auch erließ er für den weltlichen Klerus des reichenauer Kapitels eine Verordnung.

Vergabt dagegen wurden Güter und Weinberge an die Kapelle zu Frauenfeld, an die Pelagienkirche auf der Reichenau ꝛc.

1295 (17. April) fiel bei einem heftigen Gewitter ein gewaltiger Schnee, so daß die Leute sich fürchteten; doch schadete er nicht und es gab in diesem Jahr viel Frucht.

Im Ganzen war dieser Abt sehr thätig; aber eben machen konnte er nicht Alles. Er starb am 26. November 1296.

§. 24.

Abt Heinrich, Bischof von Konstanz

der sich nur Gubernator, Administrator (Defensor) der Abtei schrieb, — bestätigte der Stadt Radolfszell ihre Rechte und Freiheiten, ließ auf der Mägdeburg eine Kapelle zu Ehren der hl. Ursula und der 11,000 Jungfrauen erbauen und nannte die Burg und den Berg jetzt Mägdeberg; auch kaufte er mehrere Güter zu Markelfingen für das Kloster und erhob die Stiftsschule zu Zürich, wo er Probst war, von ihrem Zerfall. Von Kaiser Albrecht, dessen Kanzler er war, wurde er besonders mit großer Auszeichnung beehrt. Er starb am 12. September 1306 und wurde in der Domkirche zu Konstanz beerdigt.

§. 25.

Abt Diethelm III.

Bau der Pfalz.

Abt Diethelm III. zugleich Abt von Petershausen suchte vor Allem, daß die Conventherren wieder das Klostergewand nach der Regel des hl. Benedikts trugen, das sie seit Jahren ganz ablegten. Hierauf baute er einen Speisesaal, Schlafzimmer, Hörsäle für die Schulen u. dgl. und bewirkte, daß die Einkünfte, Güter und Besitzungen des Klosters in Italien, die im Verlauf der Zeit entrissen wurden, wieder zurückgegeben werden mußten. — Dann baute er auf die Stelle des alten kaiserlichen Gemaches (Domus regali stemate fulgens, bei der St. Erasmuskirche) das er abbrechen ließ, 1312 eine neue schöne Residenz (Pfalenz) die bis auf die neueste Zeit bestand und eine Zierde der Insel war. — Von Kaiser Heinrich VII. erhielt er für die Stadt Stekborn Marktgerechtigkeit und von Papst Clemens V. (seit 1309 zu Avignon in Frankreich) zur Aufhilfe der Abtei die Kirchen Ulm und Stek=

born Kloster einverleibt. — Papst Johann XXII., der gegen Ludwig dem Bayer war, und von 1316 bis 1334 den päpstlichen Stuhl behauptete, befahl auch, daß die Rechte, Güter und Besitzungen des Klosters in Deutschland, welche abhanden kamen, wieder an dasselbe zurück gebracht werden sollen. — Den hochadeligen Klosterherren dagegen, die lieber turnirten, bei Ritterspielen waren, zu Ulm sich lustig machten, zu Hochzeiten und Schmausereien sich begaben u. s. w. statt sich mit Kirche, Religion und Wissenschaften zu befassen, — war der strenge, geringer adelige Abt nur gar nicht recht. Um ihrem Uebermuthe zu entgehen, baute er für sich zu Steckborn, hart am Ufer und in die Stadtmauer hinein, den festen und massiven Thurm (das Schloß). Da lebte er stille und doch der Abtei nahe, bis ihn der Tod ergriff. Abt Diethelm starb am 16. März 1342 und trug den Ruhm mit sich in's Grab, das Kloster wieder in guten Zustand gesezt zu haben.

§. 26.

Abt Eberhard.

Erster Fürst der Abtei Reichenau.

Zerstörung von Schopfeln.

Der Nachfolger des würdigen Abts Diethelm v. Kastell (bei Konstanz) war Eberhard ein Freiherr v. Brandis aus der Schweiz.

Die Veste Brandis, Stammburg der Freiherren von Brandis und nachher der Sitz bernerischer Landvögte, bis sie 1798 zerstört wurde — liegt mit ihren Trümmern im Emmenthal, in der alten, ehemaligen Landgrafschaft Burgund. Die Herrschaft war nicht unbedeutend. Es gehörten zu Brandis die Dörfer Rügsau und Lützelfluh, sowie die Schirmvogtei über das Benediktinerkloster Trub, welches Thüring v. Brandis 1139 gestiftet hatte. Ein Enkel des

Stifters von Trub, der ebenfalls Thüring hieß, hatte Spiez am Thunersee von Habsburg zum Lehen; Herzog Leopold von Oesterreich aber entzog es ihm, weil er an der Verschwörung des Adels gegen König Albrecht Theil genommen hatte. Einen großen Zuwachs an Macht und Gütern erhielt das Geschlecht besonders durch Thüring den Aeltern, der sich mit Katharina, der Schwester des Freiherrn Johann v. Weißenburg vermählte, mit welchem der Mannsstamm dieser Familie 1368 erlosch. Dadurch erbte Thüring von Brandis die Reichsherrschaft Weißenburg im Nieder-Simmenthal. Dieser Thüring von Brandis hatte zwei Brüder (Wolfhard und Heinrich), drei Söhne und drei Töchter. Wolfhard erhielt 1367 von Heinrich seinem Bruder durch Kauf die Stammherrschaft Brandis, und Heinrich, welcher in den geistlichen Stand trat, wurde Abt von Einsiedeln und Bischof von Konstanz. Von den Söhnen Thürings wurde Thüring ein tapferer Krieger, — Mangold Abt in der Reichenau und Bischof von Konstanz, — Wolfhard genannt Wölfle, der das Bürgerrecht zu Thun nahm, Probst auf der Reichenau.

Auch die Grafen von Brandis stammen aus der Schweiz. Einige von den Brandis wanderten nämlich aus, erhielten die Graf- und Herrschaften Vaduz, Schellenberg und Blumenegg und siedelten sich in Tyrol an, wo sich unweit Meran, bei Lana auf einem Berge das Schloß Brandis, das Stammhaus der noch blühenden Familie von Brandis erhebt, während das Geschlecht der Freiherren v. Brandis in der Schweiz schon mit Wolfhards Enkeln erlosch.

Die Söhne des Jakob Andreas, des Landeshauptmanns an der Etsch und Burggraf in Tyrol, wurden nämlich 1631 auf dem Reichstag zu Regensburg mit gesammter Descendenz in den Reichsgrafenstand erhoben.

Der Abt Eberhard selbst erhielt seine Weihe von dem päpstlichen Nuntius und Papst Clemens VI. bestätigte unterm

27. Juni 1342 von Avignon aus dem Kloster alle Freiheiten, Rechte und Herkommen.

1343 ertheilten 12 Bischöfe (jeder für sich) 40 Tage Ablaß für Alle, welche an bestimmten Tagen zu St. Kilian und St. Meinrad auf die Reichenau wallfahrten und zur Kirche opferten.

1346 befreite sich die Stadt Ulm durch Kauf großentheils von der Herrschaft Reichenau, indem sie mit Genehmigung Ludwigs dem Bayer Reichsstadt ward, deren Freiheiten dann von dem Nachfolger, Kaiser Karl IV. bestätigt wurden.

1347 verpfändete Abt Eberhard an Werner von Tettingen für 400 Mark Silber die Hälfte der Burg Mägdeberg; erhielt aber durch Bulle Papsts Clemens VI. die Kirche Wollmatingen mit Einkünften und Rechten dem Kloster einverleibt.

1349 gründet und dotirt der Dekan Heinrich v. Stoffeln einen Altar der hl. Fides im Münster und damit noch eine Präbende (Pfründe). Kaiser Karl IV. dagegen investirte 1349 den Abt mit den Regalien, wodurch der Abt in den Reichsfürstenstand mit Sitz und Stimme auf den Fürstenbank an Reichstagen erhoben wurde. Den Eid der Treue für den Kaiser schwur er in die Hände des Bischofs Ulrich III. von Konstanz.

1351 machte der Abt den Bürgern zu Stekborn zur Pflicht, daß Jeder nicht ganz Arme einen Harnisch halte und bereit sei, denselben für die Stadt und Abtei in nöthigen Fällen zu gebrauchen.

1352 besuchte Kaiser Karl IV. von Konstanz aus mit großem Gefolge die Reichenau und stieg in der Pfalz ab. Bei diesem Besuch erbat er sich ein Andenken. Der Abt und der Convent verehrten ihm einen Theil vom Haupt des hl. Markus. Dieses Geschenk nahm der Kaiser mit sich nach Böhmen und fügte es auf seiner Burg zu Prag dem hl. Schatze bei.

Der Abt Eberhard selbst war nicht im Mindesten haushälterisch; er versezte, verpfändete und verkaufte vom Kloster, was er nur konnte.

So versezte er dem Ritter Heinrich von Blumenegg in der Landgrafschaft Stühlingen die Kellhöfe zu Bräunlingen und Donaueschingen; *)

dem Grafen Mangold von Nellenburg einen Kellhof zu Nenzingen mit dem Kirchensatz;

dem Ritter Werner von Tettingen ein Gut zu Möhringen auf der Baar;

dem Ulrich Truchseß von Dießenhofen einen Weinzehnten zu Allensbach;

dem Hans Keller zu Liggeringen ein Gut sammt Collatur zu Markelfingen;

den Edeln von Roggwyler ein Gut zu Tuttlingen;

dem Kaiser Karl IV. den Vogtwein von Reichenau und Allensbach, 2c.

1358 trat der Abt sogar mit den Herzogen von Oesterreich in eine Verbindung, wodurch er und die Abtei den Fürsten von Oesterreich unterwürsig wurden.

1359 wurde durch Bischof Heinrich III. von Konstanz Bruder des Abts die Pfarre S i n g e n dem Kloster einverleibt, während die Gemeinde Bernang (Berlingen) für ihre St. Michaelskapelle eine Kaplanei stiftete, welche nachmals zur unabhängigen Pfarrei wurde. Auch Stekborn blieb in Vergabungen nicht zurück; es stiftete vier Kaplaneien, die durch ihre Gesänge den Gottesdienst zu verherrlichen und für die Abgestorbenen zu beten hatten.

---

*) Blumenegg, das Stammschloß der Herren v. Blumenegg lag auf einem steilen losgerissenen Felsblock unweit Lausheim, im Wutachthale. Vom Schlosse ist jezt nur noch ein alter Thurm vorhanden.

1360 am Tag des hl. Stephanus kam der Erzherzog Rudolf IV. in das Kloster und erbat sich ein Heiligthum. Man gab ihm Reliquien von Paulus und Johannes, die er nach Wien nahm und der St. Stephanskirche übermachte.

In Konstanz dagegen entspann sich zwischen dem Bischof Heinrich von Brandis und der Stadt eine bedeutende Feindschaft, indem derselbe in Folge der Freiheit (Karolina genannt) die ihm Kaiser Karl IV. 1357 gab, die Stadt unter das Bisthum und unter seine Gewalt bringen wollte. Die Karolina nämlich übergab dem Bischof alle Obrigkeit der Stadt mit dem, sie einzusetzen und zu entsetzen, sowie daß die Bürgerschaft ihm als ihrem Herren schwören solle. Dies wollte die Bürgerschaft nicht; auch alle Versuche des Bischofs scheiterten an dem Gemeinsinn und an der Freiheitsliebe der Bürger.

Es kam zur Feindschaft, die über sieben Jahre dauerte und an welcher die Herren von Brandis auf der Reichenau ebenfalls Theil nahmen.

Ihre erste feindselige Handlung zeigte sich an Fischern 1366.

Der Kellermeister Mangold von Brandis und der Cantor des Klosters, Eberhard von Altenklingen machten mit Goldast, genannt Rappinger, eine Lustparthie zu Schiffe. Sie trafen beim Eichhorn (Aichhorn) einen Fischer aus Petershausen an, Mathäus, der die Grenzen des Kreises überschritt und auf dem Gebiete des Abts fischte. Sogleich fuhren sie auf ihn zu und stachen ihm die Augen aus. Der Blinde wurde in die Rathsstube zu Konstanz gebracht. Dieser Anblick empörte die Bürger so, daß sie eilends Mannschaft abschickten, um die Höfe jener Herren auf der Au zu verbrennen und zu zerstören.

Als nachher der Stadtammann Ulrich von Roggwyler zu Gottlieben sich in einem Schiffe befand, fiengen ihn jene Herren und brachten ihn auf die Reichenau. Diese Sache wurde jedoch gütlich beigelegt.

1368 aber fiel eine Geschichte sehr übel aus. Es war zwischen Weihnachten und Fastnacht, als 16 Bürger von Konstanz zu einem Ritterspiel (Stechen) nach Zürich wollten. Dabei waren 6 Gesellen vom Lande und 5 von Konstanz, die nicht stechen wollten. Im ganzen 27 Wappner.

Die von Konstanz, welche stechen wollten, waren: Heinrich, Rudolf und Ulrich Harzer, Gebrüder — Ulrich von Roggwyler, der Stadtammann — Heinrich von Roggwyl, sein Bruder — Konrad und Rudolf Ruch, seine Vetter — Hug Smerlin — Hans von der Lind — Ulrich Tettigkofer — Albrecht zum Burgthor — Peter Schansig — Heinrich Schiltar — Hans von Hoff — Rudolf Wiener und Hans in der Bünd, Vogt von Konstanz.

Diejenigen, die nicht stechen wollten, aber treu zu ihnen hielten: Rudolf von Horn — Frik Appentager — Hug Zorn — Rip hinter St. Johann und Hans Hirus.

Die vom Lande: Heinrich von Tettingen — Zwei von Spiegelberg — Hans von Lutrach — Eberhard von Strauß und Hans Ulrich, der Hofmeister von Frauenfeld.

Abt Eberhard von Reichenau schickte ebenfalls 27 Männer mit dem Wölfle und Thüring von Brandis dorthin.

Wie sich beide Theile bei Bassersdorf*) begegneten, sprengten die aus der Reichenau sogleich auf die von Konstanz los und stachen 5 von den Rossen herab. Darauf fielen die Konstanzer über die Aebtischen her, stachen den Wölfle von Brandis nieder, der todt auf dem Acker lag, und machten vier zu Gefangenen. Jezt ergriff Thüring mit den Uebrigen die Flucht.

Hernach, im gleichen Jahr, an Unser Frauentag, mitten im August, fuhr das Marktschiff von Konstanz nach Stein zu Markt. Die von Brandis, die dieses erfuhren, stellten

---

*) Bassersdorf ist ein ansehnliches Pfarrdorf an der Straße von Konstanz nach Zürich, zwischen Winterthur und Zürich.

sich unter dem Schlosse Neuenburg *) Nachts auf die Hut. Wie das Schiff ankam, fuhren sie darauf zu, bestiegen es, zogen die Waffen und erstachen 9 Knechte. Andere wurden verwundet, und Alle im Schiff liegen gelassen. Das Schiff kehrte um. Die Sache kam vor den Rath, und sogleich machten sich die Konstanzer mit 18 Schiffen nach Marbach auf, **) eroberten die Veste und verbrannten sie sammt Torkel und Stallung. Auch wurden 9 Knechte gefangen; diese nahm man mit nach Konstanz und schlug ihnen auf der Gerichtsstätte beim großen Stein zu Kreuzlingen die Köpfe ab.

Nach Mone (Quellensammlung I. S. 316—317) wird diese Sache also erzählt:

„1369 (proxima feria quinta ante Margarethae virginis) 5. Juli. Do furent die burger von Costentz wol mit 18 scheffen, dar inn warent uff 400 gewappnoter man, und zugent gen Marbach und stürmptent an die burg, und dar uff warent 9 knecht, die werlich warent. und den von Costentz was also ernst, das sy die vesti uff gabent an gnad und die vesti och an gnad. Sy wertent sich ein gut wil, und die selben knecht fürt man gen Costentz, das man sy da berechten wolt. Das tatend sy aber darumb, wan semlich under in wartent, die hattent gebing, das man sy nit toti. Do giengent die von Costentz uff die burg und was gantzer blunder da was, den noment sy und verbrantent bo die burg und torgel und stallung und was im vorhof was. Do das beschah, bo fürtent sy die 9 knecht mit in gen Costentz. Dar nach an dem britten tag, do berechttott man sy und schlug inn ir

---

*) Reuburg oder Neuenburg war ein Schloß auf der Höhe, zwischen Feldbach und Mammern, das den Herren von Mambüren (Mammern) gehörte, von welchen es an die Thumben von Reuburg aus Rhätien kam, die später das Erbmarschallamt der Herzoge von Württemberg bekleideten. — Von diesem Schloß steht noch ein zerfallener Thurm. Darunter liegt Glarisegg, ein herrlicher Landsitz des Fürsten von Waldek.

**) Marbach, das Schloß bei Wangen am Untersee, zwischen Konstanz und Schaffhausen, gehörte dem Kellermeister Mangold v. Brandis. Das neue Schloß, jetzt Pensionat, wurde von dem Grafen Grimaudet aus Paris gebaut.

höpter ab py dem großen stain. Das beschah dem keller uß der Richen=Ow ze laib von des kriegs wegen, den bischoff Hainrich und die von Brandis mit den von Costentz hattent, wan die selb burg des kellers was, der och ainer von Brandis was, und den von Costentz vil widerdries ob der selben burg beschah. Dar nach in dem 69. jar ze mitten höwet (15. Juli) do enthobttet man ze Costentz 9 man, die uff Marbach gefangen wurdent, do die von Costentz Marbach gewunnent dem keller ze Ow ze laib. Der was her Türings von Brandis sun, der bischoffz Hainrich von Costentz und abt Erhartz von Ow bruder was."

1370 wurde von den Bürgern von Konstanz wegen einer nochmaligen Gewaltthat der von Brandis an Konstanzer Fischern, das verhaßte Schloß Schopfeln zerstört, das seither als Ruine am Eingang auf der Reichenau steht.

Zuvor hatte der Abt selbst bei dem Bischof Ulrich III. († 1351) Geld entlehnt, und als dies verschwendet war und er für die verarmte Familie von Brandis nichts mehr hatte, gieng es wieder an ein Versetzen, Verpfänden, Verkaufen. Er verkaufte z. B.

1372 die Orte Tettingen und Wallhausen an die Deutsch=Ordens=Commende Mainau. (Auch wurde in diesem Jahr am Montag nach Johann Baptist, 25. Juni, wegen der Tödtung Wölfle's bei Basserdorf zu Konstanz mit seinem Bruder Mangold eine Richtung geschlossen, wornach ihm die Konstanzer resp. die Betheiligten 2000 gute ungarische und böhmische Gulden zu geben hatten und auch bezahlten. *)

---

*) Die Quittung des Mangold v. Brandis, Probst zu Reichenau, über die 2000 fl., so er wegen Besserung (Sühne) für seinen seligen Bruder Wölflin von Bürgermeister und Rath zu Costentz erhielt, — ist noch in dem Stadtarchive zu Konstanz. Sie wurde am nächsten Montag nach St. Johann des Täufers 1372 ausgestellt. Fünf Jahre darauf wurde diese Sache aber von dem großen Rath revidirt und jetzt, am Mittwoch nach Ulrich (5. Juli) 1377 wurden die bei der Tödtung Wölfle's anwesenden Bürger von Konstanz und deren Nachkommen von der Entschädigungssumme

1373 verpfändete er die Münze zu Radolfszell an zwei dortige Bürger;

1376 versezte er ein Gut zu Troßingen und das Patronatsrecht zu Teußlingen und Peterzell an Georg Mayr zu Troßingen;

1378 (nächsten Samstag nach St. Mauritius) belehnte er den Burger von Konstanz, Kunrat Schlyr, mit einem Haus sammt Hofstatt und Hofraithe zu Wollmatingen, welches Gut dieser von dem frühern Lehenbesitzer Kunrat Keller um 12 Pfund Costenzer Münze erkauft hatte; u. s. w.

Ja Abt Eberhard scheint sogar nicht frei an dem Morde Bischofs Johann IV. von Konstanz zu sein; denn schon als Bischof Johann das von seinem Vorfahr (Ulrich III.) dem Brandis geliehene Geld für das Bisthum zurückforderte, wurde er sein Feind; als aber der Bischof Johann mit Ritter Konrad von Homburg wegen der Stadt Markdorf, welche ihm Kaiser Karl IV. als heimgefallenes Reichslehen übergeben und der Bischof dieselbe als der Kirche zu Konstanz angehörig in Besitz genommen hatte, in Streit gerieth; — vereinigten sich gar die Freunde und Verwandte des Abts zu einem Komplot, um den ihnen verhaßten Bischof aus dem Wege zu schaffen und den Abt auf den bischöflichen Stuhl zu bringen. Selbst der Behemm von Stekborn, der als reichenauischer Dienstmann den Thurm bewohnte, ließ sich vom Abt überreden, den guten Bischof Johann IV. erschlagen zu helfen; er wurde auch wirklich am 12. Februar 1356 in seiner Pfalz zu Konstanz ermordet.

Die Thäter eilten nach vollbrachtem Morde sogleich zur Anzeige zum Abte. Sie wurden auf der Reichenau gastlich traktirt und freuten sich, den Abt als baldigen Bischof begrüßen zu können; allein nicht er, sondern der Abt von

---

freigesprochen, so daß sie nichts geben sollen; ob sie die 2000 fl. wieder von dem Mangold von Brandis zurück erhielten, ist unbekannt.

Einsiedeln, unter dem Namen Heinrich III. gelangte auf den bischöflichen Stuhl.

Die Mörder und ihre Helfer selbst entgiengen ihrer Strafe; denn es war ein altes Herkommen, daß wenn ein neuer Bischof in die Stadt einzog, alle der Stadt Verwiesene und Strafbare, wenn sie mit dem Bischof einzogen, der Strafe lebig waren. Sie zogen mit dem neuen Bischof in die Stadt ein, und dieser — selbst ein Brandis — ließ gerne die Sache auf sich beruhen; hatte er doch vielleicht selbst Wohlgefallen an dem Morde, weil er dadurch Bischof geworden. —

Ja sogar mit Rudolf von Rosenberg hatte der Abt Fehde, diese aber hatte nur die Folge, daß der Ammann von Stekborn gefangen und die Bürgerschaft genöthigt wurde, ihn 1376 mit 40 Pfund Pfenningen zu lösen. Für diese Summe wurde sie zwar an den Weinzehnten zu Stekborn und Bernang verwiesen und der spätere Abt Werner bewilligte ihr dann noch 1389 zum Dank für ihre der Abtei geleisteten Dienste, „daß der Todfall eines Bürgers den Erben um ein Dritttheil unter dem Werthe überlassen werden solle;" allein nichts desto weniger wollte sich die Stadt damit begnügen, sondern schloß, um gegen Rechtseingriffe und Schädigungen künftig von der Abtei geschützt zu sein, im Verein mit Allensbach und Bernang mit der Stadt Konstanz einen Bund.

Als edle Herren kommen zur Zeit des Fürstabts Eberhard auf der Reichenau vor: der Probst und Kellermeister Mangold von Brandis — der Custos, Keller und Probst Konrad von Wartenberg — der Custos Nikolaus von Gutenberg bei Thiengen, welcher 1357 Abt zu Einsiedeln wurde, wo er den Namen Nikolaus I. annahm — der Custos Graf Hans von Sulz, der 1371 als Abt nach St. Georgen bei Villingen kam, aber wieder auf die Reichenau zurückkehrte und da starb — der Cantor (Sängerherr) Eberhard von Altenklingen — der Decan und Spitalherr Wernher von Rosenek, dem der Abt nach Abgang Heinrichs von Asch *) den Hof des Siechenhauses mit dem Gebing verschreibt, daß er das Gesang und andere Gotteszucht des Klosters lehre" — u. a. m.

Der Abt Eberhard selbst regierte 37 Jahre und starb auf St. Michaelstag, am 29. September 1379, nachdem er sehr übel für das Kloster gehaust.

Er wurde im Chor der Apostel vor dem Altar, dessen Pfründe er 1359 gestiftet und 1370 mit Sündengeld neu dotirt hatte, begraben.

Sein Grabstein war nahe bei der Thüre, wo sich die Brüder mit Weihwasser besprengten.

Seine Grabschrift (rechts vom Chor gegen die Mauer zu) lautet: **Anno Domini MCCCL XXIX obiit venerabilis Pater et Dominus Eberhardus abbas hujus Mon. natione de Brandis, requiescat in pace, obiit in die Michaelis.**

§. 27.

Fürst-Abt Mangold von Brandis.

1382 wurde der Kellermeister und Probst Mangold von Brandis Fürst und Abt auf der Reichenau, und zwei Jahre darauf auch noch Bischof zu Konstanz; weil aber diese Stadt es mit Papst Urban IV. zu Rom, als dem rechtmäßigen Papste hielt, der Abt und Bischof dagegen dem Papste Clemens VII. zu Avignon anhieng, der als Cardinal Robert von Genf von den treulosen Cardinälen erst mehre Monate nach Urbans Wahl zum Papst gewählt wurde **), — so konnte

---

*) Der Ort Asch besteht nicht mehr.
**) Clemens V. (1305—1314) ein Franzose, Bertrand de Got, Erzbischof von Bordeaux (unter dem Einfluß des Königs Phillipp von Frankreich gewählt) führte durch seinen bleibenden Aufenthalt in Frankreich (seit 1309 zu Avignon), durch die Ernennung von vorzugsweise französischen Cardinälen und durch seine unpäpstliche Nachgiebigkeit gegen König Phillipp hauptsächlich die verhängnißvolle Periode der 70 jährgen französischen Gefangenschaft des päpstlichen Stuhles herbei und legte so den Grund zum großen abendländischen Schisma.

Mangold zu Konstanz nicht bleiben. Er begab sich auf die Reichenau und nachdem er sich mit Gewalt ins Bisthum setzen wollte, starb er plötzlich, während er zu Kaiserstuhl sein Pferd bestieg, an St. Elsbethtag 1384. Sein Leichnam wurde auf die Reichenau geführt und hier begraben. Die Grabschrift lautet: Anno Domini 1384 obiit Mangoldus de Brandis, Abbas Monaster. Augiae majoris, Episcopus ecclesiae Constantiensis.

§. 28.

Fürst und Abt Werner.

Höchste Armuth des Klosters.

Abt Werner, ein Freiherr von Rosenek im Hegau hatte es besonders sehr schlimm. Das Kloster befand sich bei dem Antritt seiner Regierung in dem armseligsten Zustand; denn seit unwürdige Aebte und namentlich die von Brandis dem Kloster vorstanden, zog alles Uebel in die Klostermauern ein. Die vielen Reisen der gnädigen Herren brachten fremde Sitten und Ueppigkeit in dieselben; die muthwilligen Fehden und die Verschwendung erschöpften die Schätze; die liederliche Wirthschaft brachte die Abtei um Güter und Einkünfte; das Herumziehen der Klosterherren auf die Turniere, zu Fastnachtspielen, Hochzeiten und Tänzen entfremdete die hochadeligen Herrren ihrem geistlichen Berufe. Die Disziplin wurde gelockert, die guten Sitten verdorben, Luxus trat an die Stelle der Genügsamkeit, und das Kloster wurde eine Stätte der Schwelgerei, — Kirche und Bibliothek verlassen.

Waren die Einkünfte sonst bis 90,000 fl. des Jahrs, so sanken sie bald auf jährliche 16,000 fl. herab und unter den Brandis betrugen die jährlichen Renten kaum noch drei Mark Silber oder 72 fl. Da Abt Werner die Abtei übernahm, war das Kloster gar ganz verarmt; er hatte nicht mehr so viel, daß er einen eigenen Tisch halten konnte. Bei einem

Leutpriester zu St. Peter in Niederzell mußte er gegen geringes Kostgeld zu Tische gehen und ritt dann täglich auf einem weißen Rößle dahin. So weit war es auf der Reichenau gekommen. Eine Armenau wurde aus ihr. — Papst Urban VI. und Papst Bonifaz IX. bemühten sich wohl dem Kloster aufzuhelfen; aber so schnell gieng es mit der Verbesserung nicht. In der großen Noth mußte der Abt daher Manches versetzen, verpfänden, verkaufen; als er jedoch St. Markus den Venetianern überliefern wollte, — wurde er daran von den Gotteshausleuten gehindert. *) Der arme Fürst und Abt Werner starb am 24. April 1402 und wurde vor dem Altar des hl. Gallus und Othmars begraben.

§. 29.

Die Aebte Friedrich I. und Heinrich V.

Abt Friedrich, Graf von Zollern war wieder kein Glück für's Kloster. Zwar war er ein guter Herr, aber besaß sehr wenig geistige Bildung; daher unter ihm die Klosterherren sehr gute Tage hatten. Die meiste Zeit brachte er in Konstanz zu, wo damals das Concilium abgehalten wurde. Er war oft bei Kaiser Sigismund, und Sigismund fuhr mehrmals mit ihm nach Reichenau. Hier vereinigte sich auch der Kaiser wieder mit seiner Gemahlin Barbara (geb. Gräfin von Cilly) nach jahrelanger Trennung. Als aber der neue Papst Martin V. erwählt ward, wurde der Abt entsezt; denn Martin konnte es nicht gestatten, daß ein so unwissender Prälat länger auf einer so wichtigen Stelle belassen werde, obschon der Abt vom Kaiser sogar die Reichsvogtei über Radolfszell erhielt. Es wurde der Abt von St. Peter, bei Freiburg, Heinrich von Hornberg an der Gutach zum Abt ernannt. Dieser selbst

---

*) Gotteshausleute hieß man die Unterthanen, Leibeigene und Knechte des Klosters — Baulente der Güter.

scheint die Abtei nur verwaltet zu haben, weil er jene von St. Peter beibehielt. Zwar stiftete er manches Gute; allein das Uebel im Grunde auszurotten, war er nicht im Stande. Er starb am 14. November 1427.

§. 30.

Abt Friedrich II. von Wartenberg.

Zweiter Gründer des Gotteshauses Reichenau.

Erst mit Abt Friedrich II., Freiherr von Wartenberg, beginnt ein neuer Glanz des Klosters Reichenau.

Wartenberg, das Stammschloß dieses Geschlechts lag auf der Baar, auf einem von allen Seiten freistehenden Berge, unweit Geisingen an der Donau. Als die Herrschaften Wartenberg und Hausen an das gräfliche Haus Fürstenberg kamen, wohnten die Freiherren von Wartenberg dann zu Wildenstein an der Eschach unweit Rothweil und nannten sich seitdem von Wartenberg zu Wildenstein. Von diesem Wildenstein ist der Abt Friedrich II.

Bevor er Abt zu Reichenau wurde, war er Conventuale des Klosters St. Blasien und Probst zu Klingnau an der Aar. Seine Wahl geschah 1428 durch Papst Martin V. in Rom.

Wie er die Abtei antrat, waren zwei einzige Novizen noch im Kloster. Die andern giengen auf und davon: Einige nach Hause, Andere zu den Kriegsheeren gegen die Appenzeller, — und zulezt traten die zwei Novizen (Heinrich, Graf von Lupfen, — und Johann, Freiherr von Rosenek) auch aus, denn es fehlte ihnen der innere Drang zum Klosterleben, das warme, innige Verlangen zur stillen Einsamkeit, jene Demuth und Frömmigkeit, die nur Freude an der Kirche und Zelle hat, der wahre Ernst zu einer Vereinigung mit Gott. — Was sie ins Kloster trieb, waren ganz andere Motive.

Sie glaubten hier ein angenehmes, bequemes, freies, ungebundenes Leben führen zu können; daher die Abneigung, das Mißvergnügen, die Unluſt, der Verdruß — als der Abt ihnen einen bescheidenen Tisch vorsezte, auf Handhabung der Klosterzucht drang und sie zum pünktlichen Kirchendienst anhielt. Iſt doch das Kloſterleben, wenn es recht geübt wird, nicht so angenehm und schön, wie man gewöhnlich glaubt: das Gebet hat seine Stunden, die Erholung ihre Zeit, Alles seine Grenzen. Bald ruft die Mette, bald die Prim, Terz, Sert, Non, Vesper und Complet, *) bald der Beichtstuhl, und — während der Laie zur Nachtzeit ruhen kann — ruft die Glocke, wenn die Mitternacht anbricht, den Kloſterherrn in den Chor. Daher, wer nicht wirklichen Beruf zum Kloſterleben in sich fühlt und nur aus irdischen Gründen und mit irdischen Wünschen und Leidenschaften die unverlezliche Schwelle des Klosters betritt, — wird den gehofften Frieden da nicht finden. Man muß, um sich Gott und der Kirche zu widmen, dafür erfüllt und dafür durchdrungen sein. Fehlgeschlagene Hoffnung, zerstörte Liebe, gekränkte Eitelkeit, Erwartung eines reizenden Lebens dürfen nie die Kloſterpforte öffnen — sonſt folgt bittere Reue; deſſen Wünſche aber mit dem Bunde der Kirche geſtillt und eins ſind — dem wird das Kloſter eine Stätte der Zuflucht, ein Ort der Zufriedenheit, eine frohe, glückliche Heimath sein.

---

*) Die Mette, Prim, Terz, Sext, Non, Vesper, und Complet ſind die von der Kirche vorgeſchriebenen und im Brevier enthaltenen täglichen Gebete des Prieſters, die ſ. g. Tagzeiten.

Die Mette und Laudes ſind die Gebete, Leſungen und Geſänge der Pſalmen und Hymnen nach Mitternacht und gegen Morgen oder der Frühgottesdienſt; die Prim (prima hora) das Morgengebet; Terz (tertia hora) das Gebet um die dritte Tagesſtunde, Morgens 9 Uhr; Sext (sexta hora) das Gebet um die sechste Stunde des Tags, oder Mittags 12 Uhr; die Non (nona hora) das Gebet um die neunte Stunde des Tages, Nachmittags 3 Uhr; die Vesper der Nachmittagsgottesdienſt oder das Gebet am Abend 6 Uhr und die Complet das Schlußgebet bei Vollendung des Tages, ſowie der Schluß des Nachmittagsgottesdienſtes.

Das Gotteshaus wurde inzwischen von einigen Mönchen, die ihm der Abt von St. Blasien zuschickte, bis es sich auf's Neue bevölkerte, bewohnt. Fürsten, Grafen und Herzoge kamen jezt freilich nicht mehr in's Kloster; dafür aber ließen sich viele aus dem niedern Adel aufnehmen, seitdem der Abt Friedrich diese Aufnahme gewährte.

Hierauf gründete er wieder eine Bibliothek; denn die alte war großentheils versezt, verliehen und zerstreut *).

Dann suchte er die Güter, welche verpfändet oder verkauft waren, wieder auszulösen und an das Kloster zu bringen, und als sich das Kloster etwas erholt hatte, schickte er einige Herren zum Studium auf die Hochschule. Es waren: Heinrich von Planta, der nachher Meister in den sieben Künsten und **Baccalaureus** in der hl. Schrift wurde, — Johann Pfuser, welcher die Würde eines **Baccalaureus** erhielt, — und Eberhard Kürnegg.

Gleichzeitig zog er den Hans Spänlin, **Dr.** der Arzneikunde und sonst ein gelehrter und kunstverständiger Mann auf die Au und verlieh ihm die St. Johann-Pfarrei beim Münster, — und als Spänlin dem Kloster 60 werthvolle Bücher zum Geschenk machte, sezte ihm der Abt noch ein jährliches Leibgeding von 1 Fuder Wein, 10 Malter Gerste und 58 Gulden aus.

Johann Pfuser wurde in Folge Großkeller und später Abt.

1432 kaufte der Abt von den Edeln von Hallwyl einen Theil der Herrschaft Blumenegg;

1433 wurde der Custos der Kirche St. Johann zu Konstanz von Papst Eugen IV. beauftragt, die vom Kloster abhanden gekommenen Güter wieder zu seinem Eigenthum zu bringen;

1434 schloß der Abt mit dem Klerus zu Radolfszell wegen der Hinterlassenschaft einen Vertrag ab;

---

*) Während der Kirchenversammlung (1414 — 1418) wanderten nämlich viele Bücher und Handschriften nach Konstanz, und als die Väter der heiligen Versammlung sich trennten, giengen dieselben mit ihnen fort.

1436 baute der Abt den Chor in der Stiftskirche zu Radolfszell; *)

1437 ließ er das Kloster Reichenau mit einer Mauer umgeben, und neue Klostersäle, Zimmer u. s. w. herstellen, sowie auf den Glockenthurm einen neuen Helm machen, da der alte von einem Sturmwind herabgeworfen wurde, und baute bei der Pfalz den Marstall;

1438 wurde der Abt durch einen Legaten des Kaisers Albrecht II. mit den Regalien als Fürst investirt, und sezte der Kaiser zur Schlichtung von Streitigkeiten vor dem weltlichen Gericht Geschworne ein;

1442 ertheilte der Abt dem Augustiner-Nonnenkloster St. Adelheid im Walde bei Hegne mehre Freiheiten und Privilegien;

1443 baute er im Münster den neuen (jezigen) Chor und die Sakristei, und überließ den Erben des damals verstorbenen Pfarrers Lerch zu Tuttlingen wegen seiner treu geleisteten Dienste einen Theil seines Nachlasses, der ihm, dem Abte nach dem Spolienrecht sonst zugefallen wäre; **)

---

*) Eine steinerne Tafel in der vordern Wand der Kirche sagt: „Nach der Geburt Christi MCCCC in dem XXXVI. Jar am VI. tag des obarellen ward der bau angesangen. Den leit der hochwürdige her Friedrich von Wartenberg, Abt der Reichenau den ersten Stain."

**) Der Abt hatte nämlich zu Tuttlingen nicht nur das Patronatsrecht und den Pfarrsaz der Kirche, sondern durfte nach dem Spollenrecht auch den Nachlaß eines jeden dort verstorbenen Pfarrherren erben; überhaupt hatte er so viele Rechte, daß, mit Ausnahme eines Gärtchens bei der Brücke, — alle sonstigen unbeweglichen Güter vom Kloster Reichenau zu Lehen herrührten. Uebernachtete der Abt in Tuttlingen, so mußte ihm der Schultheiß die Schlüssel der Stadt einhändigen und durfte nichts darin befehlen. Der Herzog von Würtemberg selbst hatte nur das Schirmrecht, wofür er jährlich 13 Malter Haber erhielt.

Herzog Gerold von Schwaben (Gerold von Bussen) war es, welcher die Villa Tuttlingen 790 an das Kloster vergabte. Nachher (1372) wurde sie eine Stadt, und als 1535 die Reformation eingeführt wurde, gieng die Stadt mit allen Gilten, Rechten und Gerechtigkeiten für das Kloster verloren und hatte die Herrschaft von Reichenau in Tuttlingen ein Ende. —

1446 verkaufte der Abt nach einem langen Prozesse und einer vierzehnjährigen Excommunikation der Ulmer gegen 25,000 rheinische Goldgulden die noch übrigen Rechte, Gefälle und Privilegien, welche das Kloster zu Ulm hatte, an diese Stadt, wodurch sie sich vom Gotteshaus Reichenau ganz frei machte. Für dieses Geld löste er die noch verpfändeten Gilten, Zehnten und Güter zu Allensbach, Wollmatingen, Markelfingen, Münchhöf, Weildorf, sowie das Schloß Sandeck u. s. w. aus, bezahlte Schulden, erkaufte von Hans von Klingenberg die Advocatie zu Ermatingen, von Ursula Minzerin in Radolfszell den Zehnten in Rörnang, u. a. m. *)

---

*) Die Besitzungen zu Ulm hatte nämlich das Kloster dem Kaiser Karl dem Großen zu verdanken; denn als er das letztemal (813) in Ulm war, schenkte er ihm seine Curtis daselbst und noch dazu 7 pagi an der Donau. Dazu gehörten besonders viele Rechte und Güter in pago Ulmensi, namentlich ein großer Pfarr- und Zehntsprengel im Umkreis von 2 bis 3 Stunden von Ulm; — ferner viele Güter zu Löfingen (Löffingen), Möhringen, Grimmelfingen, Jungingen, Pfuhl, und das 1239 von der Abtei dem Nonnenkloster St. Elisabeth in Ulm (später in Söflingen) geschenkte Gut Striblin (Stribelhof, u. s. w. — Diesem zufolge hatte die Abtei Reichenau große Einkünfte, viele Gerechtsame, viele Güter und eine gewisse Oberherrlichkeit zu Ulm. Im Jahr 1327 wurde die Kirche zu Ulm sammt allen ihren Rechten und Einkünften mit dem Kloster vereint. Zu den Zeiten der Hohenstaufen jedoch hatte sich die Stadt schon manche Freiheiten erworben und ihre Inhänglichkeit an die Kaiser verschaffte ihr ein Recht um das andere, so daß ihr Verband mit der Reichenau bald gelockert ward. Dann 1346 wurde sie Reichsstadt und ihre Unabhängigkeit bereits schon faktisch. Der Abt beklagte sich deßhalb auch 1383 bei Papst Urban VI. über den großen Verlust an Gerechtsamen, Gütern, Zinsen, Zehnten, Lehen und Gewalt, der sich wohl auf 100,000 fl. belaufe; aber das Verlorne blieb verloren. — Uebrigens war die Stadt auch unter der Klosterzeit nie ganz Unterthan der Reichenau, da immer ein kaiserlicher Vogt erwähnt wird; doch hatte das Kloster immerhin viele Einkünfte, Rechte und Gerechtigkeiten, sowie eine vortreffliche Wohnung auf dem grünen Hof (Grienhof, Gronenhof) mit zwei Kapellen (des hl. Nikolaus und hl. Xegidius) und einem geräumigen, von einer Mauer umfangenen Garten, in welchem Hause sich immer 6 bis 7 Conventualen unter einem besondern Schutzvogt aufhielten. Dahin kamen von der Au, namentlich zur Fastnachtszeit viele Klosterherren, schmausten, zechten und führten kein sehr erbauliches Leben. So kam es, daß Ulm bald als eine Stätte der Ueppigkeit und

1448 verkaufte der Abt um 1800 fl. auf Wiedereinlösung das Burgammannamt zu Radolfszell an diese Stadt.

1449 verglich er sich mit der Stadt Stekborn dahin: „die Bürger mögen je nach Gefallen des Jahrs ein= oder zweimal ihren Bürgermeister und Rath wählen; diese aber sollen schwören, keine der Abtei gefährliche Neuerungen ein= zuführen. Wer gegen den Andern das Messer feindlich zieht, zahlt dem Abte 10 Schillinge Buße. Von kleinen Bußen erhält die Stadt den dritten Theil. Sie bezieht auch einst= weilen das Umgeld vom Wein, und zwar so lange, als andere Angehörige des Abts auch vom Weinumgeld frei sind."

1450 hatte der Abt die Freude, von dem Abte zu Horn= bach, den er auf dem Concil zu Basel (1431 bis 1449) kennen lernte und dessen Freundschaft er erwarb, eine Re= liquie des hl. Pirmins — einen Finger — zu erhalten, der von dem Conventualen, Schenk von Landeck abgeholt und mit großer Verehrung auf der Reichenau aufbewahrt wurde.

1451 verkaufte der Abt seinen Antheil an der Herr= schaft Blumenegg an das Gotteshaus St. Blasien, welches von den Edeln von Hallwyl schon 1432 die Hälfte dieser Herrschaft käuflich erwarb; dafür ließ er die Pfalz auf der Reichenau ummauern und kaufte für das Kloster von dem

---

des Wohllebens bekannt war. Dieses Leben brachte jedoch dem Kloster keine gute Früchte. Es mußte ein Gut und Recht ums andere verkaufen, und am Ende blieb noch wenig übrig. Dennoch wußten die Mönche verschiedene Forderungen vorzubrin= gen; sie erhoben Klage, die Klage führte zu einem langen Prozeß und das Resultat war: daß die Stadt von der Kirchenversammlung in Basel in den Bann kam. Um daraus zu kommen und den Prozeß zu beenden, wandte sich die Stadt nun an Abt Friedrich und dieser erklärte sich bereit, der Stadt gegen Zahlung von 25,000 fl. alle noch übrigen Rechte des Klosters abzutreten. Der Kontrakt wurde von Papst Eugen IV. auf dem Concil zu Basel genehmigt und von Kaiser Friedrich III. bestätigt. Jetzt zahlte die Stadt die 25,000 fl. aus und wurde so von allen Verbindlichkeiten gegen das Kloster frei. Der Grienhof kam zuletzt auch an die Stadt; die Klosterherren dagegen zogen ab. —

Markgrafen Friedrich von Hochberg, Herr zu Rötteln und Sausenberg um 500 fl. die von seinem verstorbenen Bruder, Bischof Otto III. von Konstanz hinterlassene Liberei (Bibliothek), welche er von den Professoren: Magister Spänlin und Johannes Gulbin schätzen ließ.

1452 wurden die Kirche Schienen, nachdem diese Probstei in einen elenden Zustand gekommen war, mit der Abtei Reichenau vereinigt.

1453 übergab der Abt dem Kloster aus seiner väterlichen Erbschaft die Kirche zu Kirchdorf an der Brigach sammt Zehnten und den Zehnten in ihrem Filiale Ueberach, gegen einen Jahrtag zu seinem und der Seinigen Seelenheil. Und

1453 (am Tage St. Sylvester) 31. Dezember starb der Abt.

Ueberblicken wir was er während seiner Regierung gethan hat, so finden wir, daß er wie wenige seiner Vorgänger zum Wohle des Klosters gewirkt hatte. Er trat es an im ärmlichsten Zustande, von seinen Bewohnern verlassen, leer in Scheunen, leer im Keller, Geld nirgends und das Gotteshaus verwahrlost. Und zu welcher Höhe brachte er es! — Es ist zu verwundern, wie es ihm möglich sein konnte, das Kloster dahin zu bringen. Hier waltete der Himmel sichtbar mit. Aber — nachdem er noch eine würdige Handlung verrichtet, die zwieträchtigen Bürger der Stadt Konstanz mit ihrem Bischof Otto III. ausgesöhnt und sich einen Jahrtag gestiftet hatte, beschloß er seine irdische Thätigkeit und seine Seele gieng hinüber ins bessere Leben.

Als er gestorben war und man inventarisirte, fand man im Keller 104 Fuder Wein, abgezogen schon die Gaben und Zinse für das Jahr, — reichliche Früchte im Kornhause zu Schaffhausen, — an baarem Geld 500 fl., — in der Kirche wieder heilige Gefäße und kostbare Geräthschaften, — das Gotteshaus im guten Zustande, — überall Zucht, überall die schönste Ordnung, — das Band der Eintracht umschloß wieder die Brüder, und sogar die Liebe zum Studium, zur Wissenschaft, besonders für die Geschichte war wiederum erwacht. Auch Gallus Oheim (Ohaim), der eine Klosterchronik schrieb und später Kaplan des Abts Martin wurde, gehört in diese Zeit; die Krone aber der vielen Verdienste sezte sich der Abt Friedrich am Schlusse seiner irdischen Laufbahn dadurch auf, daß er die Bibliothek des verstorbenen Bischofs Otto III. von Konstanz erwarb, da doch, besonders die Handschriften des Bischofs für den praktischen Gebrauch ausgewählt und für ein Domkapitel unentbehrlich waren. Unter diesen Umständen machte der Ankauf dieser Bibliothek für das Kloster dem Abt alle Ehre. —

Ueberhaupt und mit Recht darf man sagen:

Abt Friedrich II. von Wartenberg ist der zweite Gründer des Gotteshauses Reichenau.

§. 31.

Der Fürst-Abt Johann III.

Wiederabnahme des Klosters. Allensbach wird eine Pfarrei.

Abt Johann III. Pfuser, zuvor Probst zu Schienen, welcher 1463 dem Ritter Sigmund von Stein zu rechtem Mannlehen die Vogtei Thonaweschingen (Donaueschingen) mit „leuth und mit guet, auch ein Zehendtlin, das Schuldheißen-Zehendtlin," sowie das Keller-Amt und einen achten Theil an dem großen Zehnten daselbst ertheilte — erhielt 1465 auf seine Bitte von Papst Paul II. (wie früher Abt Eberhard 1443) einen Ablaß fürs Kloster, womit von zehn Kardinälen — ein jeder 100 Tage Sündenbergebung für solche gewährt, die an den Festtagen der Mutter Gottes und des hl. Markus reuig erscheinen und das Kloster mit Spenden unterstützen;

1467 (Sonntag nach Fronleichnamsfest) wurde ein Schiff, das von Stiegen nach Ermatingen herauffuhr, so von einem heftigen Winde ergriffen, daß es untergieng. Es befanden sich darin ein Barfüßermönch und ein Geselle von Weingarten, welche ertranken;

1470 nimmt Herzog Sigmund von Oesterreich das Kloster in seinen Schutz und stellt darüber einen Schutzbrief aus;

1472 war für die Reichenau und die ganze Seegegend ein äußerst gesegnetes Weinjahr;

1473 deßgleichen, ja es gab in diesem Jahr so viel Wein, daß man ein großes Quantum gar nicht aufbehalten konnte, und doch war er sehr gut und stark. Welche Scenen mag es da gegeben haben! —

Auch entbindet Johann Hachenberg, Freiherr, Vorsitzer des kaiserlich freien Stuhls zu Brunnynchusen in der freien Grafschaft am Dienstag nach St. Gallustag 1473 den Heinrich Schuchzer, Burger zu Costenz von den Folgen eines Spruchs des Raths zu Costenz „daß er dem Abte in der Reichenau einen westphälischen Brief zugesandt habe, was strenge verboten gewesen sei." —

1475 verheerte ein entsetzlicher Hagel die Insel.

1481 stellt Herzog Albrecht von Oesterreich die Reichenauischen Klostergüter zu Frauenfeld unter den Schutz dieser Stadt, während der Abt einen dem Kloster lehen- und zehntbaren Weinberg zu Allensbach verkauft, der s. g. Hof, ferner über eine Summe Geldes und empfangenes Getreide an die Vogtei Schlaitheim eine Handschrift ausstellt und eine Erneuerung über die Gilten, Zehnten und Gerichtsbarkeit von Tuttlingen giebt.

1482 bestätigt der Abt den Chorherren zu Radolfszell das ihnen 1200 gegebene Statut zu ihrem Verhalten und verleiht der Stadt das Recht, eigene Münze mit des Klosters Wappen zu schlagen; später brachte dann die Stadt das Münzrecht ganz an sich.

1485 besuchte Kaiser Friedrich III. die Reichenau.

1489 giebt das dortige Pfalzgericht auf Klage des Stifts Kreuzlingen: daß die Gemeinde Allensbach auf ein Kreuzlinger Lehengut Steuern lege, das Urtheil — „daß dies nicht geschehen dürfe, weil das Gut vom Gotteshause Reichenau als frei, ledig und unsteuerbar an Kreuzlingen verkauft worden sei." —

1490 wurde die Kirche zu Allensbach, die bisher ein Filial von St. Peter in Niederzell war, zu einer eigenen Pfarrei erhoben, wobei jedoch denen von Niederzell das Recht blieb, daß die Allensbacher jährlich an Kirchweih und am Feste des Patrociniums (Peter und Paul) in Schiffsprozession zu Niederzell erscheinen mußten.

Für die Schulen, Bibliothek und geistige Bildung selbst that der Abt sehr wenig; er war wohl gelehrt, lebte jedoch leicht dahin, indem ihm die Gurgel das Meiste galt. Er starb 1492 und wurde vor dem Allerheiligen=Altar begraben. Nach seinem Tode fand man viele Schulden.

§. 32.

Abt Martin von Krenkingen.

Unter dem Abte Martin von Krenkingen brach der Schwabenkrieg aus, wo die Schweizer bei Triboltingen (Schwaderloh) über den schwäbischen Bund den Sieg errangen und Konstanz zulezt das Landgericht über das Thurgau verlor, nachdem die Stadt die Landvogtei schon 1460 an die Eidgenossen hatte abtreten müssen.

Auch die Reichenau hatte dabei manche Gefahren und Kriegsdrangsale zu erstehen.

1493 ertranken drei Bursche im See, die von Steckborn in einem guten starken Schiff nach Allensbach hinüber fahren wollten. Sie kamen zwischen zwei große Eisstücke, die das Schiff erdrückten. Zwei der Bursche ertranken sogleich; der dritte, der sich auf eine Eisbank machte, wurde noch eine Strecke weit fortgetrieben; als aber die Eisbank zerbrach, ertrank auch er.

1496 verlieh der päpstliche Legat Leonellus, welcher zu Kaiser Maximilian nach Deutschland gesandt wurde, als er auf die Reichenau kam, dem Abte verschiedene Rechte, wie z. B. der Indulgentien (Ablaßertheilung) u. s. w.

1499 sank wegen Ueberladen mit Flüchtigen von der Schlacht bei Triboltingen das Schiff, das sie zur Insel überbringen sollte, und Alle fanden in den Fluthen den Tod.

1501 wurde der Abt vom Papste Alexander VI. zum Conservator der Rechte und Privilegien des Klosters Salem sammt allen seinen Ortschaften und Mitgliedern aufgestellt.

1503 gewährt der Abt dem Pfarrherrn Hans Huser zu Wollmatingen einen Urlaub auf ein Jahr, wenn die Pfarrei durch einen tüchtigen Priester versehen werde. Und nach fünf Jahren —

1508 (5. September) starb der Abt, nachdem er 16 Jahre lang nicht unrühmlich regiert hatte.

Er wurde vor dem Altar St. Benedikts begraben.

§. 33.

Abt Markus von Knöringen und Bischof Hugo von Konstanz.

Einverleibungsversuch der Abtei mit dem Bisthum.

An die Stelle des Abts Martin kam nun Markus von Knöringen, Probst zu Schienen. Er stammte von jener Familie ab, die ihr Stammhaus zu Knöringen (Unter=Knö=ringen) an der Kammlach, westlich von Burgau hatte. —

Knöringen selbst ist ein Pfarrdorf mit etwa 600 Einwohnern und einem Schlosse, das jezt dem Gutsherrn Freiherrn v. Freiberg gehört. Der Ort ist sehr alt und man hält ihn für das ehemalige **Granarium**, das Kornmagazin der Römer für diese Gegend. Er gehört jetzt zum königl. bairischen Landgericht Burgau, Kreis Schwaben und Neuburg. —

Bischof Hugo dagegen stammte von jener Familie, die ehemals in drei Linien — mit gleichnamigen Burgen auf dem rechten Ufer der Töß im jetzigen Kanton Zürich gegen die Thurgau=St. Galler=Grenze — blühten, nämlich:

Alten=Landenberg mit dem Schlosse gleichen Namens unter dem Hörnleberg (bei Bauma), welche Burg jedoch bald nach dem Erlöschen dieser Linie zerfiel;

Hohen=Landenberg mit dem Schlosse gleichen Namens auf einem hohen spitzigen Berge zwischen Sternenberg und dem Einflusse des Steinenbaches in die Töß, welche Veste nach dem Absterben dieses Zweiges ebenfalls bald in Trümmer sank, und

Breiten=Landenberg mit dem Schlosse gleichen Namens auf einem ziemlich hohen ebenen Plane über dem Dorfe Turbenthal, welches Schloß noch besteht und auch diese Linie noch blüht; nur existiren von dieser zwei Zweige, von denen der eine der evangelischen Kirche zugethan ist und in Zürich ꝛc. vorkömmt, und der andere Zweig dem alten katholischen Glauben treu blieb und in Schwaben und Oesterreich seßhaft ist.

Alle die Landenberge waren und sind Freiherren und zeichneten sich sowohl im Kriege, als im Dienste der Kirche ꝛc. aus.

Der Linie v. Hohenlandenberg gehörte der Bischof Hugo von Konstanz an, und man zählt ihn zu den vorzüglichen Männern seiner Zeit. Er war groß sowohl an Körper als Geist. Dabei klug, sittsam, freundlich, ein Beförderer der Künste und Wissenschaften und ein guter Haushalter seines Bisthums; namentlich aber zeigte er sich fest in Verfolgung seiner Pläne und Grundsätze.

Schon Bischof Dietrich suchte das Kloster Reichenau 1050 an das Bisthum Konstanz zu bringen; allein Papst Leo IX. war dagegen. Diesen Einverleibungsversuch nahm nun Bischof Hugo v. Hohenlandenberg wieder auf und er brachte es dahin, daß Papst Julius II. unterm 22. September 1508 eine Einverleibungsbulle der Abtei für den Bischof erließ. Da trat die Stadt Konstanz kräftig dagegen auf. Sie fürchtete die übergroße Macht des Bischofs, wenn er auch noch die Reichenau erhielte, und wandte sich an die Regierung zu Innsbruck, daß die Einverleibung der Abtei unterbleibe. Auch die Eidgenossen widersezten sich im Namen der Stadt Stekborn und der Gemeinden Bernang und Ermatingen der Einverleibung, weil sie glaubten, dadurch beeinträchtigt werden zu können; der Kaiser Maximilian sprach daher den Fortbestand des Klosters aus und gestattete sogar nicht einmal die Unterwerfung der Abtei unter die Jurisdiktion des Bischofs; dagegen sollten von nun alle Handlungen, Raitung, Regierung u. dgl. des Gotteshauses der königlichen Regierung zu Innsbruck als Kastenvogt angezeigt und dem Bischofe die 6000 fl., welche er für die Bulle ausgegeben zu haben, vorgab, von der Abtei ersezt werden.

Nachdem all dies bestimmt war, wurden zu Verwaltern der Reichenau Wolfgang v. Klingenberg, Landkomthur des Deutsch-Ordens der Ballei Elsaß und Burgund — Hans v. Bodmann und der Bürgermeister und Rath der Stadt Konstanz verordnet. Hierauf (1512) schlossen Paul v. Lichtenstein, Namens des Kaisers und der schwäbische Bund, der Bischof von Konstanz und sein Domkapitel, sowie Wolf Dietrich v. Knöringen unter sich einen Vertrag ab, wornach die Abtei Reichenau auf 10 Jahre dem Bischof zugestellt wurde, mit dem Anfügen, daß wenn die Stadt Konstanz sich dagegen beschweren sollte, die Regierung zu Innsbruck den Bischof und die Stadt Konstanz mit einander und durch geziemende Mittel vereinigen solle, damit Konstanz nicht weiter beschwert werde. Aber die Stadt Konstanz war auch damit nicht zufrieden. Sie fürchtete, der Bischof und das Domkapitel möchten zulezt in die Reichenau abziehen, und die Stadt dadurch große Einbuße an Verdienst, Fremden=besuch, Jahrmärkten u. dgl. erleiden.

Nach vielen Verhandlungen kam man endlich dahin überein, daß Markus als Abt abtrete und berief, um dem zerrütteten Kloster aufzuhelfen, den Georg **Piscator**, Abt von Zwiefalten an seine Stelle.

§. 34.

Regierung des Abts Georg Piskator.

Abt Georg trat 1516 sein Amt an, nachdem er aus seinem Kloster Zwiefalten 12 Conventualen für die Reichenau mitgebracht hatte und wurde vom Papste Leo X. in der Abtei bestätigt. Deßgleichen bestätigt der Kaiser dem Kloster seine Freiheiten und Privilegien.

Nun suchte der Abt sowohl die Regeln des Ordens als überhaupt Ordnung in Kirche, Kloster und Stiftungen herzustellen. Um den Haushalt in bessern Zustand zu ver=setzen und die Abtei aus ihren Schulden zu reißen, entlehnte er bei Eberhard Faulach zu Schaffhausen 2000 fl., von einem Kaplan zu Unter=Marchthal 700 fl., von den Schwestern zu Munderkingen 300 fl., vom Kloster Ochsenhausen 500 fl., vom Kloster Zwiefalten 100 fl., von Weingarten, Alpirs=bach und Kempten je 500 fl., von St. Blasien 800 fl., von Isny 200 fl. und von St. Jörgen und Elchingen je 400 fl. — Auch vermochte der Kaiser das Stift Salem, daß es 1000 fl. der Reichenau zuschieße.

So wurde Abt Georg in Stand gesezt sein Kloster aus der Zerrüttung zu reißen, die Pfandschaften auszulösen und zugleich die 6000 fl. zu bezahlen, die er dem Bischofe für Abtretung der Abtei in 2 Jahresterminen entrichten mußte.

Leider starb aber der Abt schon nach einer dreijährigen Regierung am 4. November 1519, nachdem die Stadt Konstanz das Jahr zuvor die Religionsänderung angefangen hatte — und Kaiser Maximilian, die kräftige Stütze des Klosters, am 12. Januar 1519 verstorben war.

Hätte dieser Abt länger gelebt, so wäre das Kloster vielleicht wieder zur Blüthe gekommen; denn schon fand man nach seinem Tode 3000 fl. baar, 200 Fuder Wein und 100 Malter Korn vor, und waren dabei — außer die Schuld an die Klöster — sogar alle Zinse und sonstigen Schulden bezahlt.

§. 35.
Die Aebte Gallus Kalb und wieder Marx von Knöringen.

Fortsetzung des Einverleibungsversuchs und Incorporation des Klosters mit dem Bisthum Konstanz.

Als Abt Georg gestorben war, wurde der Conventuale Gallus Kalb Vischer gewählt; weil er jedoch von den Nichtadeligen, d. i. von jenen Conventualen gewählt ward, welche der vorige Abt von Zwiefalten mitbrachte, so entstand Streit über die Prälatur, und die adeligen Conventualen erklärten sich gegen die Wahl. Der Streit kam vor den Kaiser, nämlich an seine Regierung zu Innsbruck. Mit Bewilligung des Papstes Leo X. wurde unterm 21. Dezember 1521 ein Vergleich dahin gestellt, daß wieder Markus von Knöringen die Abtei provisorisch auf zwei Jahre antrete, indem man sehen könne, ob er seinen Pflichten nachkomme. Dabei solle er ohne Vorwissen der Regierung zu Innsbruck keine Gewalt haben, einen Conventualen anzunehmen u. dgl. Als Abt Gallus selbst auf die Abtei verzichtete und von jenem als Entschädigung ein jährliches Leibgeding von 100 fl.

und 1 Fuder Wein bekommen hatte, trat Markus v. Knö=
ringen die Abtei an, wurde auch nach 2 Jahren vom Kaiser
förmlich eingesezt, vom Papste Hadrian VI. bestätigt und
führte jezt wieder den Titel Abt.

Abt Markus stellte dann das Kloster aufs Neue in den
Schirm der Erzherzoge von Oesterreich; der Kaiser Karl V.
dagegen bestätigte die Rechte und Freiheiten der Abtei.

Nun gewann aber inzwischen die Lehre Luthers zu Kon=
stanz und im Thurgau die eifrigsten Anhänger. Bald waren
die der Abtei nächstgelegenen evangelischen Städte: Kon=
stanz, Stekborn, Stein,*) Dießenhofen und Schaffhausen;
nur Radolfszell blieb dem alten Glauben getreu. Der Abt
klagte daher auch 1524 bei den Eibgenossen, über den Un=
gehorsam der Stadt Stekborn, daß sie sich weigere, der
Abtei zwei Drittheile vom Einzugsgeld neuer Bürger zu
überlassen, dem Reichenauischen Ammann den Beisitz im Rath
zu gestatten, die Fastnachthühner zu bezahlen u. dgl. Der
Streit wurde an den Landvogt gewiesen; allein der Land=
vogt durch die Reformation bedrängt, ließ das Geschäft
ruhen. — Nachher (1527) war Stekborn gar noch unter
denjenigen thurgauischen Gemeinden, die wegen ihres be=
sondern gewaltthätigen Eifers für die Reformation von den
Gesandten der katholischen Orte besucht und zurecht gewiesen
werden sollten; weil aber damals die pestartige Krankheit,

---

*) Der Abt David von Winkelheim zu Stein mußte sich durch die Reformation gedrängt
flüchten; er kam 1525 nebst einigen Conventualen seines Klosters in der Nacht mit
den Kleinodien, Briefen und Gerechtsamen nach Radolfszell, und starb daher
in einem dem Kloster St. Georgen zu Stein gehörigen Hause am 10. November 1526.
Nödann 1581 wurde das verlassene Kloster des hl. Georg zu Stein mit dem zum
hl. Georg in Petershausen (unter Abt Andreas Oechsle aus Zug) vereinigt und dessen
Abt noch das Patronatsrecht über Hilzingen, Schwenningen und Ramsen durch Papst
Clemens VIII. 1597 zugewiesen; jetzt führte die Abtei Petershausen zwei Abtsstäbe
und zwei Infuln, sowie einen silbernen Schlüssel im blauen Felde und einen blauen
Fisch in silbernem Felde in ihrem Wappen.

der englische Schweiß herrschte, so beriefen die Gesandten blos die Vorsteher der Bürgerschaft nach Tobel und gaben ihnen auf, beim alten Glauben zu bleiben; *) die Bürger jedoch kehrten sich nicht daran, sondern sezten die Reformation in ihrer Stadt durch.

Im Bauernkrieg, 1525, schloß ein gewisser Hans Benkler mit seinem und andern Haufen die Stadt Radolfszell ein, verheerte Mökingen und Güttingen und die dem Gerold Vogt gehörige Mettnau mit Plünderung und Brand, überfiel am 13. (20.) Mai die Reichenau, eroberte die Stadt Allensbach **) und verheerte Wollmatingen ꝛc.

Wer von den Bauern nicht zu den Haufen halten wollte, dem schlugen sie einen Pfahl vor das Haus mit der Drohung: „so Jemand aus dem Hause herausgehe, er erstochen oder erschlagen würde, ohne Schaden des Thäters."

Von Konstanz forderten sie durch eine Botschaft an den Bürgermeister Jakob Gaisberg, daß ihnen die Vorstadt Petershausen offen sein solle; diese Sache wurde jedoch vermittelt; das Dorf Staad aber geplündert.

Die Reichenau selbst entgieng nur deßhalb der Verwüstung, weil der Abt den Rath zu Konstanz ersuchte, mit den Bauern zu unterhandeln; wie sie daher von dem Abt mit Wein und Brod beschenkt wurden, zogen sie ab, und als zulezt die Bauern bei Stahringen, Mökingen und Radolfszell von dem Adel und den Städten geschlagen worden waren, hatte die Abtei nichts mehr von ihnen zu fürchten. Dagegen war jezt viel Unsicherheit auf den Straßen und gab es viele Ver-

---

*) Dobel (Tobel) ist ein Dorf mit einer ehemaligen Comthurei des Johanniterordens zu Maltha, im Thurgau, nördlich von der St. Gallischen Stadt Wyl, zwischen der Thur und der Murg.

**) Illensbach war nämlich schon seit längerer Zeit eine Stadt. Mehre Urkunden im Stadtarchiv Konstanz nennen sie Stadt; auch kommt 1474 ein Stadtammann Hans Gogel zu Illenspach vor. Er schrieb sich von Gewalts wegen des Abts Johann „Stadtammann zu Illenspach."

folgungen wegen der Religion. So z. B. wurden am 24. September 1527 zwei Bürger von Konstanz, Hans und Franz Frei, Brüder und Ledergerber, auf offener Landstraße unterhalb Allensbach im s. g. Schlafach bei des Schatzen Bild von einigen Reisigen überfallen, beraubt und verwundet und ihnen dabei gedroht, „daß man es allen lutherischen Kezern so machen werde." Weil die That in der Gerichtsbarkeit der Abtei Reichenau und der Landgraffchaft Nellenburg *) begangen wurde, so wandte sich der Rath der Stadt Konstanz an den Abt Markus und an den erzherzoglichen Vogt Jakob von Landau um Untersuchung und Entschädigung. Beide sagten ihren Beistand zu und bedauerten den Vorfall; aber zum Schadenersatz konnten sie sich nicht verstehen. Man vernahm übrigens später, daß der Comthur zu Villingen, Wolf v. Mannsmünster, dieses gethan habe.

1528 nahm Bischof Hugo dann wieder den Einverleibungsversuch der Abtei auf, und als er vor Ende dieser Sache am 7. Jenner 1532 zu Meersburg gestorben war, sezte sein Nachfolger, Bischof Johann V. Graf von Lupfen, den Versuch fort. Da in dieser Periode das Herzogthum Würtemberg die evangelische Religion annahm und dadurch von der Konstanzer Diöcese abfiel, so verlor der Bischof viele Einkünfte; er wandte sich wegen dieser bedeutenden Schmälerung an Papst Paul III. und bat um Einverleibung der Abtei Reichenau und Probstei Oeningen, weil er nur dadurch einigermaßen entschädigt werden könne. In Betracht dieser Verluste verlor sein Vorbringen auch die Gehässigkeit und Paul III. bestätigte die Einverleibungsbulle des Papstes

---

*) Nellenburg (die Herrschaft kam 1442 durch Kauf um 49,000 fl. an das Haus Oesterreich. — Die Landgraffchaft bestand damals aus dem größten Theil des alten Landgerichtes Hegau und Mabach; auch das Gebiet um die Stadt Radolfzell lag im Gebiet der Landgraffchaft. Die Stadt selbst aber gehörte nie zu Nellenburg; sie war wohl, als sie an Oesterreich fiel, dem Landvogt untergeordnet, aber gehörte zu Schwäbisch-Oesterreich und war Landstand.

Julius II. von 1508; allein der Bischof konnte die Reichenau doch noch nicht erlangen. Die Stadt Konstanz war wieder ein Hinderniß. Erst, als der Abt durch seine Freunde und Blutsverwandte verleitet, sich selbst in Unterhandlungen mit dem Bischof einließ und beide Fürsten am Sonntag Misericordiae 1535 auf der Reichenau persönlich zusammen kamen, nahm die Einverleibungssache einen günstigeren Fortgang. Jetzt bekümmerte sich die Stadt Konstanz nichts mehr darum und zuletzt waren auch die katholischen Stände der Schweiz kein Hinderniß mehr, da der Bischof ihnen versprach, keine Befestigungen auf der Reichenau zu bewerkstelligen; jedoch Bischof Johann V. resignirte 1537 auf den bischöflichen Stuhl. — Bischof Johann VI., ein geborn. v. Weza, Erzbischof von Lunders, Suffragan zu Roeskilde (Roschild) in Dänemark, und Propst zu Waldsachsen oder Waldsassen, der aus seinem Vaterlande durch die Reformation unter König Christian II. vertrieben, auf Empfehlung Kaiser Karls V. und seines Bruders Ferdinand zum Bisthum Konstanz empfohlen, auf diesen Bischofsstuhl kam, — erreichte endlich seinen Zweck. Er verkehrte mit dem Abt Markus persönlich und nun wurde die Einverleibung der Reichenau abgeschlossen.

Die Bedingungen dabei waren:

1) daß für den Chor 12 Conventualen Benediktiner-Ordens zu verbleiben haben und Adeligen vor Allen der Zutritt offen sein solle;

2) daß die Bullen und Diplome aufrecht erhalten werden — und

3) der Abt für seine Resignation jährlich 1400 fl. sammt zwei Häuser, eines zu Radolfszell — das des Hieronymus Mahler, Sigillarius, die s. g. obere Hölle — und ein neues Haus zu Bohlingen, das s. g. Neuhaus — nebst Zugehör, sowie 12 Fuder Wein und 20 Klafter Holz erhalten solle.

Hierauf verließ der Abt Markus am 6. Februar 1540 das in seinem Vermögen ganz zerrüttete Kloster der Insel Reichenau.

Er erhielt bei seinem Abzug 12 Fuder Wein (3 Fuder weißen, 3 Fuder rothen und 6 Fuder nach „Truk"), ferner 50 Malter Spelz, 1 Pferd (sein Leibroß), alles Silbergeräthe (ausgenommen 8 Becher, welche dem Convent blieben), 2 Tafel-Service, 10 vollständige Betten, Fässer zu 12 Fuder Wein und Stroh so viel er brauchte, sowie 3 Wagen mit Heu. — Dann bezog er seine Wohnung zu Radolfszell, hielt da seinen Hof und starb schon nach neun Monaten.

Er wurde im Münster der Stadt vor dem Hochaltar begraben.

So endete ein Kloster, das mehre hundert Jahre hindurch eine fruchtbare Mutter von heiligen und frommen Männern, eine Pflanzstätte der Kenntnisse und Wissenschaften und ein Seminarium von Bischöfen und andern Würdeträgern war; *) — ein Kloster, in dem lange nur Fürsten, Herzoge, Grafen und Freie als Kapitulare aufgenommen werden durften; — ein Kloster, dem Päpste und Kaiser ihre Huld und Gnade in großem Maße zuwiesen; — ein Kloster, das durch die zahlreichen Vergabungen zu den reichsten Klöstern von Alemannien gehörte, und das mit seiner gesegneten Insel

---

*) Mit welch' unermüdlichem Fleiß die Reichenauer Conventualen für ihre Bibliothek Bücher schrieben und sammelten, ersieht man unter Anderm aus dem überaus schätzbaren Catalog der Bibliothek des Klosters, den der Magister und Bibliothekar Reginbert († 846) verfaßte; darin kommen Bücher aller Art vor: biblische, exegetische, patristische, kirchengeschichtliche, profanhistorische, ascetische, liturgische, canonische, grammatikalische, mathematische, medicinische, architektonische, musikalische u. s. w. — Leider wurden später die Schätze dieser Bibliothek, wie schon gesagt, besonders zur Zeit der Kirchenversammlung in Konstanz geplündert, wo ganze Schiffsladungen Bücher aus dem fast verlassenen Kloster verschleppt wurden. Aber selbst Abt Gerbert von St. Blasien († 1793) fand noch so Vieles vor, daß er die Reichenauer Bibliothek für eine der vornehmsten von Deutschland hielt. —

mit Recht sich Reichenau (augia dives) nennen konnte; — ein Kloster, das so ausgebreiteten Grundbesitz hatte, daß noch jetzt die Sage geht: wenn der Abt von Reichenau nach Rom reiste, er jeden Tag auf eigenem Grund und Boden habe Nachtherberge halten können; — ein Kloster, das einst bei 300 adelige Vasallen hatte und von dem 4 Erzherzoge, 10 Pfalzgrafen und Markgrafen, 27 Grafen und 28 Freie und Ritter Lehen trugen; — ein Kloster, aus dem 18 Erzbischöfe, 60 Bischöfe und 29 Aebte für andere Klöster hervorgiengen.

Aber, nachdem das Stift theils durch die Stürme der Zeit, durch Mißhelligkeiten zwischen Kaiser und Papst, durch unglückliche Fehden und Eingriffe weltlicher Herren, durch schlechten Haushalt und Uebermuth seiner Conventualen so herab gekommen war, daß Abt Werner nicht einmal mehr eine eigene Tafel hatte halten können — und nachdem noch zwei Aebte (Friedrich und Georg) aufs Neue zu ihrem Segen gewirkt hatten, jedoch die Nachfolger nicht dieselbe Bahn einhielten, — so war die Zeit zum Ende des Klosters reif und es trat endlich das schon lange angestrebte, der Abtei den Todesstoß versezende Ereigniß ein, daß sie dem bischöflichen Stuhle von Konstanz incorporirt und mit dem Bisthum vereinigt wurde.

§. 36.

Bischof Johann VI. Herr der Reichenau.

Bischof Johann VI. war nun Herr der Reichenau. Er kam am 8. Februar 1540 auf die Insel und nahm die Gotteshausleute in Eid und Pflicht; dann am 9. Februar sezte er mit ihnen vertragsmäßig in 15 §§. ihr Verhältniß zu dem Bisthum fest und bestimmte ihre Rechte und Pflichten, und 1542 erhielt er von Kaiser Karl V. die Belehnung über die reichenauischen Regalien.

So ruhig war jedoch dieses Besitzthum nicht. Die Conventualen und namentlich ihr Prior Gregor Diez konnten es nicht verschmerzen, das Gotteshaus in fremden Händen zu sehen. Sie wandten sich durch Vermittlung von Ordensprälaten an Papst Paul III. und baten um Restitution des Klosters, und der Papst willfahrte auch wirklich ihrer Bitte und erließ eine Bulle, worin er ihnen erlaubte, nach Ableben des Bischofs wieder einen Abt zu wählen.

In Ulm versammelten sich hierauf, 1546, die Abgeordneten der schwäbischen Reichsstädte, welche den Schmalkaldischen Bunde beigetreten waren um die Kriegsrüstungen zu betreiben. *) Sie kamen überein, die Klöster zu reformiren d. h. den katholischen Gottesdienst zu untersagen, und ihnen Schatzungen aufzulegen. Isny mußte 2000 fl., — Münchroth 5300 fl., — Ochsenhausen 12,000 fl., — Itabüren (Klosterbeuren) 5300 fl., Rotenburg 5000 fl., Ursperg 5000 fl., — Kempten 7000 fl. geben 2c. Auch die Reichenau sollte das gleiche Loos treffen. Die Commissarien des Churfürsten von Sachsen und der Stadt Augsburg kamen schon am 26. August 1546 nach Konstanz und verlangten Bescheid, ob sie allein oder mit Kriegsvolk in die Reichenau gehen sollten oder ob der Rath dies thun wolle. Der Rath, dem diese Sache sehr unangenehm war, erwiederte: „er wolle ihnen seine Antwort nach Weingarten schicken" und schrieb ihnen „sie sollten die Reichenau in Ruhe lassen." Endlich brachte es eine besondere Gesandtschaft, bestehend aus Ulrich Hochrüter und Mathäus Mollenpur dahin, daß man von einer Brandschazung der Reichenau abstund.

---

*) Schmalkalden ist ein Städtchen am Thüringerwalde, in Churhessen, Provinz Fulda. Hier schlossen die protestantischen Fürsten und Städte am 19. Februar 1531 zum Schutz ihres Glaubens und der Unabhängigkeit vom Kaiser einen Bund, — Schmalkaldischer Bund genannt.

Jezt am 13. Juli 1548 starb auf dem Reichstag zu Augsburg der Bischof Johann VI. Weza und wurde seinem Verlangen gemäß, (in einem bleiernen Kasten) in die Reichenau abgeführt und hier am 6. August beim Chor am St. Benediktsaltar begraben. Die Geistlichkeit von Konstanz war bei der Beerdigungsfeierlichkeit zugegen, gerade, als die Stadt von den Spaniern bestürmt wurde.

§. 37.

Bischof Christoph Mäzler.

Der folgende Bischof von Konstanz und Herr der Reichenau war Christoph Mäzler von Andelberg bei Feldkirch. Die Conventualen des Klosters wollten zwar gemäß der Bulle wieder einen Abt wählen; allein der Bischof hatte die Bulle verbrannt. Zudem beschenkte er die Klosterherren mit Salmen, so daß sie von der Abtswahl abstunden. Indeß waren doch, in Hoffnung auf Wiederherstellung des Klosters, viele Dokumente geflüchtet worden und es scheint, daß damals durch Austritte, wie z. B. des Columban Ochsner, Vieles nach Einsiedeln kam; denn da finden sich unter der Aufschrift „Acta des Gotteshauses Reichenau C. I. A. R. R. 8." noch wirklich höchst wichtige Urkunden ꝛc. über das Kloster Reichenau.

Dieser Bischof errichtete dann noch 1554 wegen der Jurisdiction auf dem See mit den 10 löblichen den Thurgau regierenden Ständen (Orten) einen Vergleich.

1556 erklärte er den Ständen der Schweiz bezüglich der Bedingungen von Seiten der Eidgenossen vom Jahr 1540 wegen Einverleibung der Reichenau mit dem Bisthum: „daß die Einverleibung dem Schuz und den oberherrlichen Rechten der Schweizer nicht nachtheilig sein solle, übrigens er keine Protektoren über die Gilten und Einkünfte anerkennen würde, außer es wären von den Eidgenossen Bestimmungen darüber getroffen; jedoch wolle er keine Befestigungen auf der Insel anlegen."

1558 bestätigt König Ferdinand dem Bischofe alle Lehen und Regalien des Klosters.

1560 läßt der Bischof das Grabmal Kaiser Karl des Dicken erneuern,*) und stiftete für sich eine Jahrzeit im Kloster, und als das kommende Jahr zu Ende gieng — (1561, am 11. September) starb der fromme und kenntnißreiche Bischof. Er wurde in der Pfarrkirche zu Meersburg begraben.

§. 38.
Bischof und Cardinal Markus Sittich.
Die Reichenau wird Tafelgut des Bischofs.

Auf Christoph Mäzler folgte als Fürst-Abt der Reichenau der Bischof Markus Sittich, Sohn des Grafen Wolfgang Dietrich von Hohenems und der Prinzessin Klara aus dem Hause Medici von Florenz, deren Bruder Papst Pius IV. war, welcher den Markus Sittich zum Cardinalpriester erhob.

Die damaligen Klostergeistlichen waren: Frater Andreas Kißling, Prior, — Frater Meinrad Mangold, Subprior — Frater Johannes Seckler, Custos — Frater Sebastian Linsenbol, Probst zu Schienen — Frater Benedikt Weßlin — Frater Vitus Burkardus — Frater Gabriel Giger — Frater Georg Menzer — Frater Konrad Böler — Frater Markus Zinzler — Frater Thomas Fievel — Frater Pirminius Hubonastel und Frater Petrus Heroldt. Sie schrieben sich bei Ausfertigungen „Wir Prior und ganz Convent" 2c.

1563 ertheilte Papst Pius IV. seinem Neveu dem Cardinalbischof Markus Sittich sogar eine Bulle, wornach das reichsunmittelbare Stift Reichenau der Tafel des Bischofs von Konstanz überlassen wurde.

---
*) Dieses Grabmal befand sich nahe beim Muttergottesaltar im Chor. Siehe S. 29—30.

Der Bischof selbst war viel in Rom. Während seiner Abwesenheit hatte der Obervogt Maximilian Emser die Regierung zu verwalten.

Da dieser seine Gewalt sehr überschritt, so wandten sich die Klosterherren auf verweigerte Abhilfe von Konstanz 1567 an den Abt Gerwich von Weingarten und Ochsenhausen, als Vorstand der schwäbischen Congregation, und als auch seine Verwendung vergeblich blieb, — unter ihrem Prior Lazarus Lipp, aus Ueberlingen gebürtig, 1586 an Papst Sixtus V. Dieser gab seinem nach Luzern abgeordneten Nuntius auf, die Klage zu untersuchen. Das Domkapitel trachtete nun die Religiosen aufzuheben. Sie flohen am Morgen des 20. Mai ins Thurgau und blieben da, bis die 5 katholischen Orte der Schweiz sie am 21. Juni wieder in das Stift einsezten. Auch die Probstei Schienen, welche von dem Domkapitel dem Kloster weggenommen wurde, mußte solchen wieder zurückgegeben werden. Den Nuntius suchte zwar das Domkapitel auf seine Seite zu ziehen; allein er ließ sich in seiner Untersuchung weder hindern, noch beirren. Bei diesen Verhältnissen schickte das Kapitel des Hochstifts eine Deputation an Markus Sittich nach Rom und ersuchte ihn, durch seinen Einfluß es dahin zu vermögen, die Mönche vom Wege des Rechts zu verdrängen, während der Cardinal Andreas von Oesterreich als Coadjutor von Konstanz zu Wien dahin wirken mußte, daß die Klagen der Mönche nicht gehört würden; der Cardinal Markus Sittich resignirte jedoch auf den bischöflichen Stuhl, nachdem er zuvor (4. Juli 1571) noch seinem Schwager Hans Werner von Raitenau, Söhnen und Töchtern die Veste Langenstein zu gemeinem Lehen verliehen *) und die Pfalz und die ehe=

---

*) Die Burg Langenstein wurde nämlich von dem Grafen Eberhard, dem alten, von Nellenburg und seinen Söhnen Eberhard und Heinrich 1348 an den Abt von Reichenau und an die Comthure der Häuser Mainau und Freiburg, sammt allen Rechten und Gewaltsamen um 1500 Mark Silber versezt.

malige Collegiatkirche St. Adalbert auf der Reichenau hatte renoviren lassen.

§. 39.

Bischof und Cardinal Andreas.

Der Cardinal Diacon Andreas, Markgraf von Burgau, Landgraf von Nellenburg, Verweser der beiden Stifter Murbach und Lüders (Luders), Bischof von Brixen, Statthalter von Tyrol und Vorderöstreich, und Gubernator der Niederburgundischen Lande (Niederlande), Sohn des Erzherzogs Ferdinand und der Philippine Welser — übernahm nun seine Würde.

Er ließ 1590 den Huldigungseid auf der Reichenau durch den Dombekan Hans Georg von Hallwyl unter Assistenz des Kanzlers Hans Hager, des Vogts von Meersburg Ritter Jobokus von Razenried und des Vogts von Bohlingen, Edler Sebastian von Herbsthaim, abnehmen und besuchte dann selbst die Insel. Es war am 20. Juli 1590, als er hier ankam. Der Tag war ausgezeichnet schön. Die Sonne glühte im Scheitel; die Luft war still und klar. Auch die Sommerhitze hatte so lange angehalten, wie man sich seit Menschengedenken kaum erinnern konnte. Das Korn wurde gut und die Trauben reiften so schnell heran, daß die Weinlese schon am 20. September beginnen konnte. Ueberhaupt gefiel es dem Fürsten so wohl dahier, daß es schien, als ob er die Insel mehr denn seine Vorgänger zum Aufenthaltsorte wählen wolle, zumal er als Liebhaber von Menagerien bald nach seiner Ankunft einen Viehhof im Conventgarten nebst einem Behälter für Fasanen herstellen und ihn mit einer 1½ Fuß hohen Mauer einschließen, und hinter der Pfalz noch einen Löwengarten errichten ließ, den eine noch viel höhere Mauer umfassen mußte. In diesen Löwengarten kamen (am 17. Februar 1591) 2 Löwen und 2 Bären und bald darauf noch ein Kameel.

Von diesem Löwenpaar brachte die Löwin am 3. November 1591 zur großen Freude des Fürsten 3 Junge zur Welt; allein die Freude verwandelte sich bald in Trauer; denn am 26. November brach das männliche Thier, man wußte nicht auf welchem Wege, aus seinem Stalle. Es durchbrach mit fürchterlichem Gebrüll die Vorthüre der Pfalz, vor der gerade ein weißes Pferd stand, auf dem der Klosterbäcker saß. Kaum hatte dieser noch Zeit, vom Pferde herab zu springen und sich durch die Flucht zu retten, so stürzte der Löwe auf das Pferd zu, riß es nieder und saugte ihm fast alles Blut aus. Man schoß wohl mit einem Gewehre von der Pfalz herab, um die Bestie zu tödten; allein der Löwe erschrak nicht; er ließ bloß ein wenig die Augen herumblizen, und machte sich dann schnell wieder an seine Beute. Erst als das zweitemal geschossen wurde, fiel er töblich getroffen nieder.

Gegen den Prior Lazarus Lipp, der mit seinen Conventualen noch immer die Rechte des Klosters zu verfechten suchte, kam es zu einer Untersuchung, in deren Folge man eine Reformation nach der in manchen Stiftern erneuerten Regel des hl. Benedikt vornahm. Als die Reformations-Artikel am 6. März 1591 vorgelesen waren, wurden dann der Prior abgesezt, die Zellen durchsucht, das Geld und die Waffen, so die Mönche zur Vertheidigung bereit gehalten hatten, weggenommen, der Prior selbst nach Wiblingen, der Superior Meinrad Mangold nach Weingarten, der Custos Hans Lipp nach Ochsenhausen und die Uebrigen in andere Klöster versezt. Jezt gab es auf der Reichenau, wohin fremde Mönche kamen — Ruhe.

Dagegen gab es wieder Reibungen mit der thurgauischen Stadt Stekborn; denn die Regierung zu Reichenau hatte sich das Recht angeeignet, dem Gerichtschreiber auch noch die Stadtschreiberstelle, die sonst nur von der Wahl der Bürger abhieng, zu verleihen und ebenso trennte sie das Dorf Bernang (Berlingen), welches immer mit Stekborn gemeinsame Gerichte hatte, gewaltthätig von Stekborn und gab demselben ein eigenes Gericht. Als nun der Stadt noch die Einsicht in die kaiserliche Marktbewilligung verweigert wurde, war dieselbe genöthigt, sich an die eidgenössen Stände zu wenden; sie erhielt jezt nicht nur die Bestätigung des Wochenmarkts, sondern sogar die Erlaubniß, zwei Jahrmärkte abhalten und alle dazu gehörigen Zölle und Gefälle beziehen zu dürfen. Die Regierung schüzte wohl die Rechte des Klosters vor, jedoch vergeblich. Die Reichenau verlor durch die Schuld der Beamten bedeutende Gefälle; die Stadt Stekborn dagegen erwarb durch die Mißgriffe derselben immer mehr Rechte. —

Freilich wußte der Cardinal nichts davon; denn er mußte bald nach dem Antritt seiner Regierung in die Niederlande, wohin ihn der Kaiser Rudolf II. auf Ersuchen des Königs von Spanien rief.

Auch das folgende Trauerspiel wäre vielleicht unterblieben, wenn der kluge und verständige Herr da gewesen wäre.

Es war um das Jahr 1591, als eine Klosterfrau von St. Peter in Konstanz unvorsichtiger Weise äußerte, daß sie in ihrer Jugend Hexerei getrieben habe und vom bösen Geist besessen gewesen sei. Dies wurde sogleich angezeigt und wahrscheinlich noch durch Zusätze vermehrt. Man ließ ihr das Klostergewand abnehmen und sie in Begleitung einer Magd durch den Consistorialpedellen nach der Reichenau zur Untersuchung abführen. Wie sie verhört wurde, bekannte sie ihre Aussage. Dies war genug, um sie zu verurtheilen. Sie wurde aufs Diebsweible geführt und ihr das Urtheil eröffnet; dann verbrachte man sie über den See nach Allensbach und schlug ihr auf der gewöhnlichen Richtstätte den Kopf ab. —

Jezt kehrte jedoch der Cardinal, der seine Stelle als Statthalter in den Niederlanden rühmlich verwaltet hatte, wieder zurük an den See.

Gegenüber von Schopfeln, zwischen Wollmatingen und Allensbach liegt das Schloß Hegne. Dieses war um 1530 im Besitz des Albrechts Völler von Knöringen (Bruder des lezten Abts von der Reichenau), ein Kriegsmann, in welcher Eigenschaft er 1531 in Diensten des schwäbischen Bundes gegen Herzog Ulrich war, dann dem Herzog von Bayern diente und zulezt bei Ausbruch des Schmalkaldischen Krieges zu Herzog Ulrich von Württemberg übergieng. Nachdem er gestorben war, kam Schloß und Gut an die von Reichlin und Markus Sittich kaufte es 1580 von Corona v. Reichlin für das Bisthum. Seitdem diente es dem Bischofe zum Lust- und Jagdschlosse; als aber Cardinal Andreas wieder an den See zurückkehrte, bestimmte er es zu seiner Wohnung und ließ es neu herstellen, denn er wollte recht nahe bei seiner lieben Insel sein. Dort gab er sich dann ganz der Frömmigkeit und Mildthätigkeit gegen die Armen hin, und wenn er von Hegne herüber auf die Au fuhr, hielt er jedesmal mit den Klosterherren, wie einer der Ihrigen, geistliche Uebungen.

So lebte der Cardinal bis in das Jahr 1600. Da verkündete der Papst Clemens VIII. ein Jubeljahr und der Cardinal reiste zufolge eines Gelübdes nach Rom. Er kam nicht mehr. Ein hiziges Fieber überfiel ihn daselbst und — er starb am 12. November 1500.

Sein Leichnam wurde in der Kirche Santae Mariae de Anima, von der er den Cardinalstitel führte, begraben.

Der hohe Herr erreichte ein Alter von nur 27 Jahren.

§. 40.
Bischof Jakob Fugger.
Neubau des Klosters.

Jakob Fugger, Freiherr von Kirchberg und Weißenhorn in Schwaben, baute das Gotteshaus Reichenau und die Kirche zu Deningen neu auf. Sein Wappen ist noch an dem ehemaligen Klostergebäude zu sehen. — Während des Baues mußten die Conventualen in andere Klöster. Für Restitution des Klosters trat wohl wieder Prior Lazarus Lipp zu Wiblingen auf und brachte es auch dahin, daß Papst Paul V. eine Restitutionsbulle erließ; aber der Bischof bekam solche zu Handen und, — die Wiederherstellung des Klosters unterblieb. Lazarus Lipp flüchtete nach Einsiedeln und starb da 1629.

Nun (vom 19. bis 24. Oktober 1609) hielt der Bischof eine Synode zu Konstanz, deren Beschlüsse am 1. März 1610 publizirt wurden. *) Bei dieser Synode war auch der Abt von Zwiefalten. Sie besuchten mit einander nach beendeter Kirchenversammlung die Reichenau und besahen das neue Klostergebäude, wofür die Kosten 38,000 fl. betragen haben sollen.

1612 wurde der Bischof von dem Kaiser Mathias wegen der gefürsteten Abtei auf den Reichstag nach Regensburg berufen.

1616 war reichlicher Herbst; es gab so viel vortrefflichen Wein, daß man — um ihn aufzubewahren, viele Fässer ankaufen mußte, und dabei lagen noch bei 200 Fuder alten Weins im Klosterkeller. Auch die Winterfrüchte gediehen sehr gut. Dagegen wurde in diesem Jahr der Flecken Allensbach durch eine Feuersbrunst sehr ruinirt. Zur Wiederherstellung gab die Stadt Konstanz eine Brandsteuer von 100 fl.

1618 sandte der Bischof 3 Klosterherren (Lorenz Eberhard, Markus Grießer und Placidus Bayer) zum Studium auf die Universität, wofür er je 94 fl. 4 Batzen Kostgeld jährlich bezahlen mußte.

1621 wurde Meinrad Mangold für den verstorbenen Sebastian Eisenbol, Probst zu Schienen.

1622 war, in Folge der Kriegszüge, die durch den Schweden- oder 30jährigen Krieg verursacht wurden, große

---

*) Siehe Linigs Spicilegium ecclesiasticum. I. Theil Continuatio II. Seite 587—684.

Theurung, so daß das Malter Getreibe 60 fl. — Gerste 55 fl. — das Fuder Wein 450 fl. — das Pfund Fleisch 6 Batzen, — ein Ei 1 Batzen kosteten.

1626 den 6. Februar starb der Bischof Jakob Fugger. Er war ein eifriger Priester und führte ein erbauliches, unsträfliches Leben. Noch vor seinem Tode bestimmte er 6000 fl. zur Abhaltung eines Jahrtages und zur Unterhaltung von Jünglingen von geringem Stande aus Bohlingen und Gaienhofen, welche Summe jedoch lange nicht zu ihrem Zwecke verwendet wurde.

§. 41.

Bischof Sixt Werner.

Bischof Sixt Werner von Summerau und Praßberg mußte ebenfalls zu seiner Betrübniß erfahren, daß die Klosterherren wieder Befreiungsversuche machten; ja sie veruntreuten jetzt sogar das Kloster und gaben sich mit Bestechung der Amtleute ab. Der Prior Moriz Thüringer wurde daher abgesetzt und an seine Stelle der gelehrte Johannes Egon (Ego) aus Altdorf bei Ravensburg gebürtig, erwählt. Der Bischof wirkte jedoch auch nicht mehr lange; denn schon am Morgen des 15. Novembers 1626 raffte ihn ein jäher Tod weg, nachdem er kaum 1 Jahr über das Bisthum und die Abtei regiert hatte.

§. 42.

Bischof Johannes VII. Herr der Reichenau.

Einfälle der Schweden. Flucht des hl. Blutes nach Güntersthal.

Auch der Bischof Johannes VII. Truchseß zu Waldburg und Graf zu Wolfegg hatte keine glückliche Regierung; zwar

nicht von Seiten der Religiosen, sondern durch den 30jäh=
rigen Krieg; denn schon machte sich dieser s. g. Schweden=
krieg überall am See fühlbar. Feindliche Truppen über=
zogen die Gegend, plünderten, brandschazten und nahmen
Wein, Getreide, Vieh und vieles Andere weg. Dazu kamen
noch unfruchtbare Jahre, Seuchen und Hungersnoth, so daß
ein Uebel auf's andere folgte. Da, in dieser traurigen Zeit
nahmen Viele ihre Zuflucht auf die Reichenau. Einmal
kamen allein nur 50 Leute von Mannenbach herüber, die
alle im Kloster gespeist wurden; als sie aber wieder zurück=
kehren wollten, verschlang sie der See.

1630 fiel auf Pfingsten so tiefer Schnee, daß er die
Aeste von den Bäumen abriß.

1632 wurde die Probstei Schienen (unter Probst
Meinrad Mangold) von den Schweden und Württembergern
überfallen und bereits alle noch vorhandenen Kirchengeräthe,
Kleinode und Heiligthümer geraubt. *) Auch suchte in diesem
Jahr der württembergische Obrist Michael Rau (Rauch) die
Reichenau und den Flecken Allensbach, sowie das Frauen=
kloster St. Adelheid bei Hegne heim und brandschazte sie.

1633 kamen die Feinde wieder auf die Reichenau und
beschwerten das Kloster; Allensbach und Wollmatingen aber
wurden zum Theil verbrannt. Es war nämlich der wür=
tembergische Commandant Zollikofer, ein St. Galler, der den
Obrist Rauch abgelöst hatte. Derselbe schickte am 10. Juni
eine Abtheilung Reiter nach Allensbach, um die rückständige
Contribution einzutreiben. Sie raubten den Bürgern 32
Stücke Vieh und zündeten beim Abmarsch die untere Mühle
und zwei Häuser bei der Kapelle an. Damit nicht zufrieden,
sendete er nochmals seine Reiter. Sie kamen am 9. August,

---

*) Den größten Theil der Schäze von Schienen hatte der Probst zuvor mit Hab und
Gut nach Reichenau geflüchtet, und von diesen Schäzen mögen wohl noch das kostbare
Monstranz, und die Reliquien der heiligen Genesius, Felix und Regula ꝛc. sich im
Münster auf der Reichenau befinden. Siehe Seite 82.

Nachts, am Vorabend St. Lorenzen in den Flecken; denn seit dem Bauernkrieg sank Allensbach zu einem Flecken herab. Jezt zündeten sie den Ort an fünf Punkten an. Es verbrannten zwölf Wohnhäuser, das Pfarrhaus und der Kirchenthurm, in dem die Glocken zerschmolzen. Am 23. August wurde der Flecken wieder heimgesucht, und nun nahmen sie auch noch was übrig war, mit fort. Ganz ohne Obdach, Hab und Gut, flüchteten sich die Leute (Männer, Weiber, Kinder) auf die Reichenau. Man nahm sie menschenfreundlich auf und gewährte ihnen auch die möglichste Unterstützung; aber leider hatten die Bewohner der Insel, da ihnen alle Gemeinschaft mit der Schweiz und Radolfszell, so lange die Schweden im Thurgau und die Würtemberger zu Zell waren, selbst kein glänzendes Loos.

Von Konstanz kam zwar der Hauptmann v. Bemelberg mit 300 Mann vom Regiment Wolfegg zum Schutz der Insel, und auf die Schlacht bei Nördlingen 1634 wurden auch fast überall in Schwaben die Kaiserlichen wieder Meister; aber der kecke Obrist Widerhold saß unbesorgt auf dem Felsen Hohentwiel und machte da und dorthin Streifzüge aus der Festung. So kam er auch einmal auf die Reichenau und nahm hier mit, was er nur konnte. Als er von der Insel abzog, wäre er beinahe ertrunken.

Dieser Tageshelb verbrannte auch die alten Burgen zu Hohenkrähen und auf dem Mägdeberg, und zerstörte das Schloß Staufen bei Hilzingen.

Zu dieser Zeit kam nun das hl. Blut von hier weg. Ein Ordensgeistlicher in der Reichenau, Maurus Speth von Oehningen gebürtig, flüchtete es aus heiligem Eifer, daß es nicht von den Feinden verunehrt werde, von der Reichenau in das adelige Frauenkloster, Cisterzienser-Ordens, Günsterthal, in einem einsamen Thälchen eine Stunde südlich von Freiburg im Breisgau, und gab es den Frauen zur Verwahrung und Verehrung, ohne daß er ihnen sagte, was es für ein Heiligthum sei. — Auch als Speth 1661 zu Günersthal starb, entdeckte er die Bewandtniß des Partikels des hl. Kreuzes nicht. Es blieb dort, bis man zulezt die Sache erforschte und herausbrachte, daß das in diesem Kloster sich befindliche hl. Blut das zu den Zeiten der Schweden aus der Reichenau fortgekommene Heiligthum sei. Dann 1737 wurde es auf die Insel zurückgebracht und mit großer Solennität wieder in's Münster versezt. *)

1634 starb der gelehrte Prior Johannes Egon aus Altdorf, dessen Hauptwerk seiner Schriften ist: De viris illustribus monasterii Augiae (divis) majoris." —

1635 war besonders großes Sterben, wo die Kapuziner von Radolfszell sich sowohl auf der Reichenau als in andern Gemeinden im Dienste des Krankenbesuchs und am Sterbebette äußerst besorgt erwiesen; es wurde ihnen daher gestattet, nicht nur Almosen zu sammeln, sondern ihnen auch eine besondere Gabe an Wein aus der fürstlichen Kellerei zu Reichenau jährlich zugetheilt.

1644, am 15. Dezember, verschied der Bischof Johannes VII. und wurde in der Domkirche zu Konstanz begraben.

§. 43.

Die Bischöfe Franz Johann und Marquard Rudolf.

Unter dem Bischof Franz Johann, auch ein geb. Freiherr von Praßberg und Summerau, wurde sowohl der Ort Allensbach als die Insel Reichenau wieder von den Feinden sehr hart mitgenommen. Dort machten sie Schanzen und rießen Häuser dazu nieder, und auf der Insel plünderten sie die Kirchen und führten geistliche und weltliche Einwohner als Gefangene fort, ja sie wollten sogar das ganze Kloster

---

*) Siehe Seite 106.

verbrennen, was jedoch auf das bemüthigste Bitten unterblieb.

Für diese Rettung von dem gänzlichen Verderben wurde ein Fest, der s. g. Schwedentag angeordnet; bessere Zeiten aber kamen erst nach Abschluß des westphälischen Friedens (14/24 Oktober 1648).

Auch die Conventualen, welche wieder ihre Rechte aufs Stift geltend machen wollten, fügten sich erst, als ihre Obern abgesezt und neue ernannt worden waren, — und unter dem Bischofe Marquard Rudolf, Freiherr von Robt kehrte wieder der Friede in die Klostermauern zurück.

§. 44.
Bischof Johann Franz.
Wiederverbringung des hl. Blutes auf die Reichenau.

Freiherr Schenk von Stauffenberg bittet 1711, daß der Kaiser geruhen möge, daß ihm das durch ungünstige Zeitverhältnisse bisher erloschene Siz- und Stimmrecht wegen dem Fürstenthum Reichenau, dessen Reichslasten er tragen müsse, auf der Reichsbank wiederum eingeräumt werde, und es wurde auch durch kaiserliches Commissions-Dekret vom 6. Oktober 1612 dem Reiche eröffnet „daß kaiserliche Majestät es gerne sehen würden, wenn der Herr Fürstbischof von Konstanz in Bezug seiner vielfachen Verdienste um das Reich und dessen höchsten Oberhaupts in das Fürstencollegium durch dessen Gesandten wieder eingeführt und diesem die gebührende Stelle angewiesen werden wolle;" — allein es wurde darauf nichts verfügt und die Reichenau verlor durch den Drang der Umstände sowohl auf dem Reichstag als beim schwäbischen Kreise ihre Rechte.

1724 (25. April) wurde dann das tausendjährige Fest der Gründung des Klosters kirchlich gefeiert und

1737 fand der Prior Maurus Hummel von Reichenau in Günersthal wieder den kostbaren Schatz des hl. Blutes mit dem Partikel, wornach schon lange gesucht wurde. Es befand sich daran ein Zettel des Maurus Speth: de Signo S. Crucis et Sanguine Domini nostri Jesu Christi, das heißt: von dem Kreuzesholz und Blut Unsers Herrn, Jesus Christus. Der Bischof forderte es von der Aebtissin Maria Franziska Cajetana von und zu Tann und den Stiftsdamen ab, welche den großen Schatz nicht kannten, und verbrachte ihn auf die Reichenau; den Damen des Gotteshauses Güntersthal dagegen ließ man unter Dankbezeugung der (89 jährigen) getreuen, andächtigen Verwahrung einen Theil des Partikels zurück. Hierauf

1738, wurde der kostbare Schatz wieder durch den Bischof zur öffentlichen Verehrung unter Ablaßertheilung (von Papst Clemens XII.) und Prozession ausgesezt. Dabei waren das ganze Domkapitel, sämmtliche Geistlichkeit der Insel, die Chorherren von Radolfszell, viele andere hohe und niedere Geistlichen und fast der ganze Hof des Fürsten. Der Akt war höchst feierlich. Die Prozession, begleitet von Musik und fürstlichem Militär und einer Bürgergarde von Reichenau durchzog unter dem Donner der Geschütze bereits die ganze Insel, die damals so von Wallfahrern angefüllt war, wie man nie sah, und wozu die Schiffe von allen Orten und Enden noch immer Leute aus allen Klassen und Ständen zuführten. Ein Gemälde im Chor des Münsters rechts (Epistelseite) beim Gitter stellt diese großartige Prozession dar *).

Im Münster selbst wurden zwei Altäre (der hl. Dreieinigkeit und der Evangelisten) unterhalb der Orgel mit dem steinernen Odeum (Musikchor) weggenommen und dafür mitten im Platze ein Altar für das hl. Blut errichtet; das Odeum

---

*) Siehe Seite 26.

aber oberhalb dem Chor beim Eingang rechts angebracht, wobei die alten Decken über den Altären St. Benedikts und der Apostel, sowie der Chor neu gegypst wurden. Alles dies ließ der Bischof auf seine Kosten herstellen. Hierauf gab der Bischof dem Kloster neue Statuten.

1739 ließ der Bischof einen Tabernakel für das heilige Blut errichten. Und

1740 (am 12. Juni) starb er zu Möskirch an einem Schlagflusse, als er kaum die Jubilathochzeit des Fürsten Froben von Fürstenberg und der Gräfin Theresia von Sulz eingesegnet hatte. Auch dieser Bischof wurde in der Domkirche zu Konstanz beerdigt.

§. 45.

Die Bischöfe Damian Hugo und Casimir Anton.

Abermaliges Streben der Reichenauer Conventualen nach Herstellung des Klosters.

Auf Johann Franz von Staufenberg (bei Offenburg) folgte Damian Hugo, Graf von Schönborn, Cardinal.

Unter ihm regten sich wieder die Herren im Kloster. Doch kam ihr Trachten nach Wiederherstellung desselben und Befreiung vom Bischof noch nicht zum Ausbruch; denn der Bischof war ernst und strenge, und starb auch schon am 19. August 1743 zu Bruchsal, 67 Jahre alt.

Erst sein Nachfolger — Kasimir Anton, Freiherr von Sikingen — mußte es erleben, daß die Religiosen aufs Neue öffentlich auftraten.

Die Haupturfache war eine s. g. Concordia (Concordat) nämlich die darin enthaltene Bestimmung über die Priorwahl, die Art und Weise der Visitation, die Congrua des Klosters, die Kirchenfabrik und die Ersparniß des Convents, welches Alles vom Domkapitel beansprucht wurde. —

Dagegen bezog sich der Convent auf die uralten Exemptionen, auf die Unmittelbarkeit des Klosters und auf die Befugniß zur Verlangung einer apostolischen Visitation; seine Rechtsgründe aber waren vergeblich. Der Reichshofrath blieb bei seinem unterm 17. September 1747 erlassenen Beschluß: „daß die Congrua Religiosorum und die Kirchenfabrik Reichslehen und solche Temporalia wären, die nur allein vor den Kaiser gehörten, und daß dem Nuntius zu Luzern keine Visitation auf der Reichenau zustehe, weil die Abtei außer seinem Sprengel liege." Die Sache wurde von Rom und von der kaiserlichen Regierung zur Entscheidung Chur-Mainz übertragen und dieses sandte am 26. November 1749 zwei Subdelegaten, oder Unterbevollmächtigte nach der Reichenau, von denen der eine den päpstlichen, und der andere den kaiserlichen Hof vertreten mußte. *) Der für den Papst untersuchte die Temporalien (Gefälle) und Reichslehen, durchgieng die Rechnungen von 30 Jahren, forderte Auskunft über den aktiven und passiven Bestand des Convents und kam so während den 4 Wochen seines dortigen Aufenthaltes ganz in das weltliche Gebiet über. — Der kaiserliche Subdelegat that — Nichts.

§. 46.
Bischof und Cardinal Franz Konrad von Rodt.
Völlige Einverleibung des Klosters mit dem Bisthum.

Lange blieb diese Streitsache in Schwebe, bis es endlich der Cardinalbischof Franz Konrad bei Papst Bene-

---

*) Subdelegat ist ein Unterbevollmächtigter, Stellvertreter eines Delegaten, verordneten und bevollmächtigten Richters, und Subdelegation die Uebertragung eines jurisdiktionellen Rechtes oder der Cognition und Entscheidung eines Rechtsstreites von Seite eines zu Ausübung der betreffenden Befugniß selbst nur delegirten Richters (delegatus) an einen andern als dessen Stellvertreter (subdelegatus).

dikt XIV. dahin brachte, daß dieser unterm 10. Febr. 1757 ein Breve erließ, worin er dem Bischof erlaubte, „die rebellischen Mönche zu versetzen."

Jezt machte der Bischof, begünstigt durch den siebenjährigen Krieg, wo die Stände des Reichs sonst zu thun hatten — kurzen Prozeß.

Nachdem der Prior, Pater Meinrad Meichelbek schon lange flüchtig war, erschienen — als J. Philipp v. Razenriedt Obervogt auf der Reichenau war — am 30. März 1757 der Generalvikar von Deuring als apostolischer Commissarius delegatus, der Domherr Franz Xaver von Roll als Con-Commissarius apostolicus und der Fiskal Josef Anton Labhard mit dem Offizialatskanzleiverwalter Raimund Klaus als Notar und dem Sekretär des Generalvikars, H. Raithmann, Kaplan zu St. Johann, nebst Gefolge von 40 Mann bischöfl. Militär.

Die Klosterherren waren gerade beim Mittagessen, als die Commission eintrat.

Man verlas ihnen das päpstliche Breve und führte sie dann aus der Reichenau weg. Der Pater Subprior Josef Staber und der P. Pirminius Berchtold kamen in das Kloster St. Gallen, — der P. Bartholomä Mayer nach St. Blasien, — der P. Marx Stattmüller nach Ochsenhausen, — der P. Columban Bunster in das weingartische Priorat Hofen bei Buchhorn, — der P. Bernhard Liebler bis auf Weiteres in das bischöfl. Seminar Meersburg, — der P. Johann Paul Roll nach Muri — und der Frater Gregor Stattmüller nach Fischingen. Die Novizen wurden sonst weggeschickt.

Wie so der Reichsunmittelbarkeit der Abtei ein Ende gemacht ward, wurden die Zellen des Klosters, das Priorat und Subpriorat, die Oekonomie-Zimmer und die Kellerei und Bibliothek mit bischöflichem Sigill obsigniert und das Kloster mit vertrauten Männern besezt.

Der Chor wurde vorläufig einigen Kapuzinern und Minoriten eingeräumt, bis auf viele Vorstellungen etliche Religiosen Benediktinerordens von der schwäbischen Congregation zu Reichenau eingeführt wurden; die aber keine Einkünfte von den Reichenauischen Gütern bezogen, sondern ihren Gehalt vom Bischofe erhielten.

Nun war das Kloster nur noch ein Missionsposten, indem die Seelsorge und Wallfahrt seit 1757 durch 12 wechselnde, aus verschiedenen Klöstern berufene Mönche versehen wurde, und als sich die bischöfliche Regierung durch die Leiden des Kriegs genöthigt sah, auf Beschränkung ihrer Aufgaben zu sinnen, wurden auch noch die 12 Missionnarii reduzirt. Jezt, 1799 stellte man nur noch 3 vom Hochstifte besoldete Weltgeistliche für die Hauptkirche des ehemaligen Klosters an, und vom Jahr 1813 an wurde nur ein Priester als Alles in Allem und mit nicht gar glänzender Besoldung für das Münster auf der Reichenau angestellt.

Der Cardinalbischof, Franz Konrad von Rodt selbst — Reichsfürst, Herr der Reichenau und Oehningen, des Johanniterordens zu Malta Großkreuz und Protektor, seit 1748 infulirter Propst zu Eisgarn in Oesterreich, seit 1757 Abt zu Szilzard in Ungarn sowie zu Castell Barbato im Cremonsischen, und seit 1765 auch Großkreuz des königl. ungarischen St. Stephansordens ꝛc. — starb am 15. Oktober 1775 im neuen Schlosse zu Mörsburg und wurde auch in der Pfarrkirche zu Mörsburg begraben.

§. 47.

Maximilian Christof von Rodt.

Maximilian Christof, Freiherr von Rodt zu Bußmannshausen, Bruder des vorigen, Fürstbischof von Konstanz hatte dann auf der Reichenau Ruhe. Zu seiner Zeit (1792) starb in Benediktbeuern der ehemalige Conventuale Meinrad

Melchelbek, gebürtig aus der Reichenau, wo er 1787 Priester ward, nachdem er in öffentlichen Schriften noch gegen die Ungerechtigkeit, Simonie ꝛc. die an Reichenau ausgeübt worden sein sollen, sich ausgesprochen und in Berlin eine Zeit lang die Stelle eines Hofmeisters versehen hatte.

1796 (31. Juli) drangen die Franzosen unter dem General Torreau und dem Capitain Lefrüne von Zell nach Konstanz vor, nachdem sich zuvor die österreichische Regierung von da nach Innsbruck begeben, das Domkapitel nach Bischofszell und der Fürstbischof nach Arbon, die französischen Emigranten sich aber mit dem Erzbischof von Paris und andern Bischöfen nach Ueberlingen und einige andere Geistlichen nach Reichenau geflüchtet hatten. Die Franzosen unter Oberst Dumas zogen hierauf nach Bregenz und kehrten am 6. Oktober wieder nach Zell zurück, von wo Einige auch auf der Reichenau einkehrten. Dann

1800 (19. Januar) starb der Armenfreund und Beförderer der Künste und Wissenschaften, der edle und milde Fürstbischof und Herr der Reichenau, Maximilian Christof von Rodt, im neuen Schlosse zu Mörsburg, und wurde ebenfalls in der Pfarrkirche daselbst beerdigt.

§. 48.

Karl Theodor von Dalberg.

Lezter Fürstbischof von Konstanz und Herr der Reichenau. Saecularisation des Fürstenthums Konstanz und Uebergang der Herrschaft Reichenau an Baden.

Nun folgt der lezte Fürstbischof von Konstanz und Herr der Reichenau und von Oehningen, Karl Theodor v. Dalberg, geb. im Schloß Hernsheim bei Worms; er regierte nur bis 1802, weil in diesem Jahr das Fürstbisthum Konstanz saecularisirt und das deutsche reichsunmittelbare Gebiet im schwäbischen Kreise als ein Theil der Entschädigung für überrheinische Besitzungen dem Churhaus Baden zugetheilt wurde. Jezt ward die Reichenau ein Obervogteiamt des obern Fürstenthums am Bodensee. Der Bischof Karl Theodor selbst wurde pensionirt und erhielt eine jährliche Pension von 20,000 fl. *)

Bei dem Anfall an Baden machte die Reichenau noch ein Oberamt aus, über das ein Obervogt gesezt war.

Das Amtspersonale bestand bis 1796 in: Fr. Konrad Freiherr Lenz von Lenzenfeld, Reichspanier und kaiserlicher Rath, Obervogt des fürstl. Gotteshaus; — Marx Alois Buzorini, Amtseinnehmer; — Bonifazius Berlis, Oberamtssekretär; — Joh. Nepomuk von Waibel, Waisenschreiber. Der lezte Obervogt war dann: Freiherr Friedrich von Hundbiß, ein Mann, der noch jezt in dankbarer Erinnerung bei den Reichenauern steht; denn er war nicht nur sehr human, sondern wirkte viel Gutes für die Inselgemeinde. Er war es hauptsächlich, welcher der Reichenau die Güter und Waldungen über dem See bei Wollmatingen, Allensbach, Markelfingen ꝛc. ausschied und die Grenzen derselben bestimmte.

Die Gerichte, welche zur Reichenau gehörten, waren:

Berlingen (Bernang), Ermatingen, Frutwylen, Mannenbach, Stekborn und Triboltingen, — unter dem fürstlichen Obervogt in Reichenau; und

Heschikofen, Langdorf, Oberkirch, Lustdorf, Mattendorf und Mühlheim, — unter dem fürstlichen Obervogt in Frauenfeld.

Ferner gehörten zur Herrschaft Reichenau:

Hennwylen oder Höhnwyler und Lanterschwylen bei Ermatingen, Rapperswyl oder Rapperschwylen zwischen Berlingen und Märstetten, und Salenstein, ein Dorf mit einem

---

*) Genealogisches Reichs- und Staatshandbuch auf das Jahr 1805. Frankfurt am Main bei Varrentrapp und Werner 1805. I. Theil Seite 405.

Schlosse (über Mannenbach), das die Edlen von Salenstein und Schenken der Reichenau besaßen, dann (nach deren Aussterben) um 1500 an die Munprate von Spiegelberg zu Konstanz kam, hierauf als Erbe an die von Hallwyl übergieng, von diesen an die von Breitenlandenberg gelangte und von diesen im Erbwege an den Herrn Friedrich Ammann zu Ermatingen kam, welcher das Besitzthum um 1850 an die Wittwe des in Konstanz am 7. Juni 1847 verstorbenen großbrittanischen Ritters und Obristen Temple — Temple verkaufte.

Alle diese Gerichte und Besitzungen fielen übrigens auch weg, als sie zum schweizerischen Canton Thurgau geschlagen wurden, und das Oberamt Reichenau blieb blos noch auf die Insel Reichenau, Markelfingen, Allensbach, Hegne und Wollmatingen beschränkt, welches dann ein badisches Obervogteiamt bildete, bis dieses am Ende auch aufgehoben wurde.

Seit 1809 gehört die Insel Reichenau zum großherzoglich badischen Bezirksamte Konstanz.

Die Bibliothek wanderte zum Theil nach Karlsruhe, zum Theil nach Heidelberg. — Die entbehrlichen Kirchen und Kapellen, die herrliche Pfalz und mehre Altäre im Münster wurden nach und nach abgebrochen und weggethan, die herrschaftlichen Gebäude verkauft und — was an den Glanz des einst berühmten Klosters, an die alte Reichsabtei und an die früher hier bestandenen Collegiatstifte erinnert, sind außer den drei Pfarrkirchen (Ober-, Mittel- und Niederzell) jetzt nur noch einige Privathäuser und Ruinen.

Hier kann man wirklich sagen: „Sic transit gloria mundi!". d. h. so schwindet alles Irdische und alle Erdengröße dahin.

Ja sogar von den schönen Malereien und Sculpturarbeiten in den Tempeln sind nur noch wenige Spuren vorhanden. Sparsamkeit, Tünche und Unverstand hat die Kunstwerke verdrängt, die namentlich im Mittelalter, wo die Kirche alles geistige Dasein umfaßte, hier in so reichem Maße vorhanden waren. *)

Aber freilich zur Erhaltung solcher Denkmale gehört Geld, Interesse, kirchlicher Sinn, Kunstsinn und Ehrfurcht vor dem Alterthum, das uns dieselben verlieh.

Es ist gewiß, seit die Zustände des Mittelalters sich aufzulösen begannen, und seit die Bande gelockert wurden, womit die Kirche alles geistige Dasein umfaßte, — seitdem machte sich auch die Kunst im Norden wie im Süden von den Zwecken innerlich los, welchen sie bisher gedient hatte und gab sich dem ihr innewohnenden Streben nach freier Wahrheit und Sicherheit hin. Es ist derjenige Uebergang, welchen man mit dem oft mißverstandenen Ausdruck bezeichnete, daß sich die Kunst selbst Zweck geworden ist. — Sie schafft bald keine einzige Figur mehr in ausschließlich religiösem Interesse, sondern nur Werke, welche noch den Gegenstand mit der kirchlichen Bestimmung zusammenhängen, sonst aber das Ergebniß eines wesentlich unabhängigen Kunstlebens sind.

Wenn aber die Kunst sich selbst Zweck geworden ist, so zerstört sie die christliche Kunst und führt auf Abwege. —

Die wahre Kunst wird es nie verschmähen, höhern Zwecken zu dienen. Sie hat auch nie einen höhern Schwung genommen, und einen größern Grad der Vollkommenheit erreicht, als dort, wo sie als Dienerin der Religion zur Verherrlichung der christlichen Kirche auftrat; die Kunst muß daher wieder dem christlich-kirchlichen Leben näher gebracht werden und ihre Produkte müssen wieder in Kirchen und Kapellen einkehren, und bei und unter uns wohnen und heimisch werden, — wenn es besser damit werden soll.

---

*) Man nennt gewöhnlich den Zeitraum von tausend Jahren, welcher die Begebenheiten der Reiche und Völker seit dem Umsturze des römischen Westreichs (476) bis zur Entdeckung von Amerika (1492) umschließt, das Mittelalter.

Kurz die Kunst muß wieder zur Mode werden. Ist Kunstsinn da, dann wird mit Liebe gespart und findet sich — für Kunstschöpfungen auch wiederum Geld. Man schaue auf das Mittelalter, wo die Kirche alles geistige Dasein umfaßte und die Kunst ihre Dienerin war; es wurden da die Perlen dem Marienbilde umgehangen, und der Rock des Vaters vererbte sich auf den Sohn, ohne aus der Mode zu kommen. Das Wohnhaus war mitunter wohl klein und ärmlich, das Gotteshaus aber groß und mächtig, ein Gegenstand des Stolzes und Prunkes der Gemeinde; jezt dagegen werden die Wohngebäude und Kirchen gleich leicht hingebaut, und kaum ist eine Reihe von Jahren dahin, so löst sich auch schon der Mörtel. — Kunst in neuern Tempeln wird gar wenig gefunden. —

Wir wünschen keineswegs die mittelalterlichen Zeiten zurück, sondern freuen uns am Fortschritt, aber wünschen auch, daß das, was für alle Zeiten nüzt und taugt, gepflegt, erhalten und befördert werde, und dazu gehört der religiöse Sinn, die Ehrfurcht vor dem Heiligen und die Liebe zu Kirche und Gotteshaus. —

Verzeichniß der Aebte des Klosters Reichenau.

1. Pirmin, Gründer der Abtei Reichenau, lebt hier bis . . 727
   und stirbt 754.
2. Etho (Otto, Hebbo) aus dem Gebiete der Herzoge des Elsasses
   regiert 7 Jahre bis 734
   und stirbt als verdienstvoller Bischof von Straßburg, 776.
3. Reba oder Rebo regiert gegen drei Jahre und stirbt . . 736
4. Ernfried oder Erenfried, zugleich Bischof von Konstanz, regiert
   10 Jahre und stirbt 746
5. Sidonius, auch Bischof von Konstanz, regiert 13 Jahre und stirbt 760
6. Johannes I., Bischof von Konstanz und Abt von St. Gallen,
   regiert 21 Jahre und stirbt 782
7. Peter, regiert 5 Jahre und stirbt 786
8. Waldo, regiert 20 Jahre bis 806
   worauf er Abt zu St. Dionys bei Paris wird, stirbt 814.
9. Hatto I., auch Bischof von Basel, baut das Münster auf Reichenau,
   resignirt 822
   und stirbt 836.
10. Erlebald regiert bereits 16 Jahre, resignirt . . . 838
    und stirbt 838.
11. Ruadhelm (Ruethelm, Rubhelm) regiert 4 Jahre bis . . 842
    legt dann seine Würde nieder und stirbt 842.
12. Walafried Strabo, regiert 7 Jahre und stirbt . . . 849
13. Folkwin oder Volkwin,*) regiert 9 Jahre und stirbt . . 858
14. Walther, regiert etwas über 4 Jahre und stirbt . . . 862
15. Hatto II. (Helto), regiert 7 Jahre und stirbt . . . 871
16. Ruodo, Rudo oder Rudolf (nach Kolb „Renbolob") regiert 17
    Jahre und stirbt 888
17. Hatto III., auch Erzbischof von Mainz, regiert 25 Jahre und stirbt 913
18. Hugo, regiert nur 1 Jahr und stirbt 914

---

*) Kolb führt in seinem historisch-statistisch-topographischen Lexikon von dem Großherzogthum Baden, Karlsruhe bei Gottlieb Braun 1816 dritter Band, Seite 92 als den 13. Abt Kolams 855 an.

19. Thietlug, regiert 2 Jahre und stirbt	. . . .	917
20. Heribrecht oder Herbrecht, regiert 10 Jahre bis . . . worauf er von Herzog Burkard abgesezt wird.		927
21. Linthard, Luithard oder Luthard, regiert bei 8 Jahre und stirbt		934
22. Alawich, regiert bei 25 Jahre und stirbt		958
23. Eggehard oder Ekkehard I., erbaut die Kirche St. Johann, regiert bei 15 Jahre bis . . . . . worauf er als schlechter Haushalter von Kaiser Otto I. abgesezt wird.		972
24. Ruodlmann oder Rutmann, regiert bei 13 Jahre und stirbt	.	984
25. Witego oder Witegowo Witegow, regiert 12 Jahre und stirbt		998
26. Alawich II. aus dem Geschlechte der Grafen von Sulz, regiert 2 Jahre bis . . . . . und stirbt als Bischof von Straßburg auf einer Reise nach Italien, im Jahr 1001.		1000
27. Ymo oder Immo, regiert 7 Jahre bis . . . worauf er wegen rohem Benehmen von Kaiser Heinrich II. abgesezt wird.		1008
28. Berno, regiert bei 40 Jahre und stirbt		1048
29. Ulrich I., regiert bei 2 Jahre und stirbt		1070
30. Meinrad oder Meinwar (Meginward), resignirt	. .	1074
31. Rupert, früher Abt zu Lamberg, simonistischer Abt, regiert bis		1076
32. Eggehard oder Ekkehard I., ein Graf von Nellenburg, regiert 12 Jahre und stirbt		1088
33. Ulrich II., ein Graf in Lupfen (Dapfheim bei Höchstett?) regiert bei 34 Jahre u. stirbt		1122
34. Rudolf v. Böttstein oder Bottenstein, regiert 9 Jahre und stirbt		1131
35. Ludwig, ein Graf von Pfullendorf, regiert 4 Jahre und wird in Tuttlingen ermordet		1135
36. Ulrich III., ein Graf v. Zollern, regiert 1 Jahr und stirbt	.	1136
37. Otto, Freiherr v. Bossein oder Bottenstein, regiert 3 Jahre und stirbt		1139
38. Fridelous oder Fridelok (Fridollo) ein Freiherr v. Harbegg (Heidek?) regiert bei 2 Jahre und stirbt . .		1159
39. Ulrich IV., ein Freiherr v. Harbegg (Heidek) Bruder des vorigen, regiert 14 Jahre u. stirbt		1173

Anmerk. Nach Kolb ist der . Abt Werinhard; regierte 6 Jahre. Dann folgt als 28. Abt Ymo. — Als 41. bringt er Heinrich II. Graf von Calw, A. 1210; aber den Heinrich I. hat er nich

40. Diethelm I. ein Freiherr v. Krenkingen, auch Bischof von
Konstanz, regiert 33 Jahre und stirbt 1206
41. Hermann v. Spaichingen, regiert 8 Monate bis . . . 1207
worauf er die Abtswürde niederlegt.
42. Heinrich I. ein Graf von Calw, regiert 27 Jahre und stirbt . 1234
Jezt bleibt die Abtswürde 2 Jahre lang unbesezt.
43. Konrad Freiherr v. Zimmern, regiert 18 Jahre und stirbt . . 1255
44. Burkard, Freiherr v. Hewen, regiert bei 6 Jahre und stirbt . 1261
45. Heinrich II.? *) 1270
46. Albert oder Albrecht v. Ramstein, regiert bei 26 Jahre und stirbt 1296
47. Heinrich III. Freiherr v. Klingenberg, auch Bischof von Kon=
stanz, regiert 9 Jahre und stirbt 1306
48. Diethelm II. (Freiherr?) v. Kastell bei Konstanz regiert 36 Jahre
und stirbt 1342
49. Eberhard Freiherr v. Brandis, regiert bereits 37 Jahre und stirbt 1379
50. Heinrich IV. Freiherr v. Stoffeln, regiert 4 Jahre und stirbt . 1383
51. Mangold Freiherr v. Brandis, auch Bischof von Konstanz,
regiert 1 Jahr und stirbt 1384
52. Werner v. Rosenegg regiert bereits 18 Jahre und stirbt . 1402
53. Friedrich II. Graf von Zollern regiert gegen 25 Jahre und stirbt 1427
54. Heinrich V. v. Hornberg, regiert 14 Wochen und stirbt . 1427
55. Friedrich II. Freiherr v. Wartenberg=Wildenstein regiert 26 Jahre
und stirbt 1453
56. Johann II. v. Hunnwyl regiert bei 11 Jahre . . . 1464
57. Johann III. Pfuser von Nordstetten, regiert bereits 28 Jahre
und stirbt 1492
58. Martin Graf von Weissenburg, und Freiherr v. Krenkingen,
regiert 16 Jahre und stirbt 1508
59. Markus v. Knöringen, regiert bei 8 Jahre bis zum Jahr . 1516
worauf er die Abtei abtreten mußte.
60. Georg Plskator, regiert drei Jahre und stirbt . . . 1519
61. Gallus Kalb, entsagt gleich nach der Wahl . . . 1519
62. Markus v. Knöringen, zum zweitenmal, regiert noch weitere
21 Jahre bis 1540
worauf die Abtei an das Bisthum Konstanz kommt.

---

*) Den Abt Heinrich II. führt Walchner in seiner „Geschichte der Stadt Radolph=
zell" Seite 70 auf und belegt seine Angabe Seite 271—273 mit Urkunden.

www.ingramcontent.com/pod-product-compliance
Lightning Source LLC
Chambersburg PA
CBHW020935230426
43666CB00008B/1682